Gusto dell'India per Principianti
Guida alle Delizie della Cucina Indiana

Priya Sharma

Sommario

Melanzane ripiene 18
    ingredienti 18
    Metodo 18

Sarson ka Saag 19
    ingredienti 19
    Metodo 20

Soufflè di carote 21
    ingredienti 21
    Metodo 22

Patata tandoori 23
    ingredienti 23
    Metodo 23

curry di mais 25
    ingredienti 25
    Metodo 26

Pepe Masala Verde 27
    ingredienti 27
    Metodo 28

bottiglia d'acqua senza olio 29
    ingredienti 29
    Metodo 29

gombo allo yogurt 30
    ingredienti 30

- Metodo 31
- Karela sobbalzò 32
  - ingredienti 32
  - Metodo 33
- cavolo con piselli 34
  - ingredienti 34
  - Metodo 34
- Patate al sugo di pomodoro 35
  - ingredienti 35
  - Metodo 35
- Uccidi Palak 36
  - ingredienti 36
  - Metodo 37
- cavolo masala 38
  - ingredienti 38
  - Metodo 39
- curry di melanzane 40
  - ingredienti 40
  - Metodo 41
- Simla Mirch ka Bharta 42
  - ingredienti 42
  - Metodo 43
- Curry di zucca veloce 44
  - ingredienti 44
  - Metodo 44
- Curry Kaala Chana 45
  - ingredienti 45

- Metodo 46
- Kalina 47
  - ingredienti 47
  - Metodo 48
- Cavolfiore tandoori 49
  - ingredienti 49
  - Metodo 49
- Kaala chana piccante 50
  - ingredienti 50
  - Metodo 51
- Torre Dal Kofta 52
  - ingredienti 52
  - Metodo 52
- Shahi cavolfiore 53
  - ingredienti 53
  - Metodo 54
- Gombo Gojju 55
  - ingredienti 55
  - Metodo 55
- patate dolci in salsa verde 56
  - ingredienti 56
  - Per la salsa: 56
  - Metodo 57
- Simla Mirch ki Sabzi 58
  - ingredienti 58
  - Metodo 59
- curry di cavolfiore 60

- ingredienti 60
  - Metodo 61
- haaq 62
  - ingredienti 62
  - Metodo 63
- cavolfiore essiccato 64
  - ingredienti 64
  - Metodo 64
- Korma vegetale 65
  - ingredienti 65
  - Metodo 66
- melanzana fritta 67
  - ingredienti 67
  - Per il sottaceto: 67
  - Metodo 67
- curry di pomodoro rosso 68
  - ingredienti 68
  - Metodo 69
- Curry Aloo Uccidi 70
  - ingredienti 70
  - Metodo 71
- Badshahi Baingan 72
  - ingredienti 72
  - Metodo 73
- Patate Garam Masala 74
  - ingredienti 74
  - Metodo 74

- Tamil Korma 75
  - ingredienti 75
  - Per il mix di spezie: 75
  - Metodo 76
- Melanzane secche con cipolla e patate 77
  - ingredienti 77
  - Metodo 77
- Koftas Lajawab 78
  - ingredienti 78
  - Per i kofta: 78
  - Metodo 79
- Teekha Baingan Masala 80
  - ingredienti 80
  - Metodo 80
- kofta vegetale 81
  - ingredienti 81
  - Metodo 82
- zucca essiccata 83
  - ingredienti 83
  - Metodo 83
- Verdure miste con fieno greco 84
  - ingredienti 84
  - Metodo 85
- Dum Gobhi 86
  - ingredienti 86
  - Metodo 86
- chole 87

- ingredienti 87
  - Metodo 88
- Curry di melanzane con cipolle e patate 90
  - ingredienti 90
  - Metodo 91
- zucca naturale 92
  - ingredienti 92
  - Metodo 92
- Curry misto di verdure 93
  - ingredienti 93
  - Metodo 94
- Verdure miste essiccate 95
  - ingredienti 95
  - Metodo 96
- patate e piselli secchi 97
  - ingredienti 97
  - Metodo 97
- Dhokar Dhalna 98
  - ingredienti 98
  - Metodo 99
- Patatine piccanti 100
  - ingredienti 100
  - Metodo 100
- Zucca con grammo bollito 101
  - ingredienti 101
  - Metodo 102
- Dum Aloo 103

ingredienti 103

 Per la pasta: 103

 Metodo 104

makkhanwala vegetale 105

 ingredienti 105

 Metodo 106

Fagiolini con mung dhal 107

 ingredienti 107

 Metodo 107

Patate piccanti con salsa allo yogurt 108

 ingredienti 108

 Metodo 109

Peperone verde ripieno 110

 ingredienti 110

 Metodo 111

Doi Phulkopi Aloo 112

 ingredienti 112

 Metodo 113

Peperone Verde con Besan 114

 ingredienti 114

 Metodo 114

Melanzane con piselli 116

 ingredienti 116

 Metodo 117

Bandakopi Ghonto 118

 ingredienti 118

 Metodo 119

- Murgh Bagan-e-Bahar 120
  - ingredienti 120
  - Metodo 121
- pollo al BURRO 122
  - ingredienti 122
  - Metodo 123
- pollo sukha 124
  - ingredienti 124
  - Metodo 125
- pollo arrosto indiano 126
  - ingredienti 126
  - Metodo 127
- marmellata piccante 128
  - ingredienti 128
  - Metodo 128
- Pollo al curry con cocco essiccato 129
  - ingredienti 129
  - Metodo 130
- semplice pollo 131
  - ingredienti 131
  - Metodo 132
- pollo al curry del sud 133
  - ingredienti 133
  - Per il condimento: 134
  - Metodo 134
- Stufato di pollo al latte di cocco 135
  - ingredienti 135

Metodo	136
Chandi Tikka	137
ingredienti	137
Metodo	138
pollo tandoori	139
ingredienti	139
Metodo	140
Murgh Lajawab	141
ingredienti	141
Metodo	142
Pollo Lahori	143
ingredienti	143
Metodo	144
Fegato di pollo	145
ingredienti	145
Metodo	145
pollo baltico	146
ingredienti	146
Metodo	147
pollo piccante	148
ingredienti	148
Metodo	149
Dilruba Di Pollo	150
ingredienti	150
Metodo	151
ali di pollo fritte	152
ingredienti	152

- Metodo 152
- murgh moussalam 153
  - ingredienti 153
  - Metodo 154
- delizia di pollo 155
  - ingredienti 155
  - Metodo 156
- pollo sporco 157
  - ingredienti 157
  - Metodo 158
- tikka di pollo fritto 159
  - ingredienti 159
  - Metodo 160
- Pollo alla ricerca 161
  - ingredienti 161
  - Metodo 161
- Nadan Kozhikari 162
  - ingredienti 162
  - Metodo 163
- pollo di mamma 164
  - ingredienti 164
  - Metodo 165
- Methi di pollo 166
  - ingredienti 166
  - Metodo 167
- Cosce di pollo piccanti 168
  - ingredienti 168

- Per il mix di spezie: 168
- Metodo 169
- Pollo al curry di Dieter 170
  - ingredienti 170
  - Metodo 171
- pollo celeste 172
  - ingredienti 172
  - Per il mix di spezie: 172
  - Metodo 173
- Rizala di pollo 174
  - ingredienti 174
  - Metodo 175
- pollo sorpreso 176
  - ingredienti 176
  - Metodo 177
- Pollo al formaggio 178
  - ingredienti 178
  - Per il sottaceto: 178
  - Metodo 179
- Korma di manzo 180
  - ingredienti 180
  - Per il mix di spezie: 180
  - Metodo 181
- Dhal Khema 182
  - ingredienti 182
  - Per il mix di spezie: 183
  - Metodo 183

Maiale al Curry 185
    ingredienti 185
    Per il mix di spezie: 185
    Metodo 186
Shikampoore Kebab 187
    ingredienti 187
    Metodo 188
agnello speciale 190
    ingredienti 190
    Per il mix di spezie: 190
    Metodo 191
Cotolette Di Masala Verdi 192
    ingredienti 192
    Per il mix di spezie: 192
    Metodo 193
kebab a strati 194
    ingredienti 194
    Per lo strato bianco: 194
    Per lo strato verde: 194
    Per lo strato arancione: 195
    Per lo strato di carne: 195
    Metodo 195
Campo Barrah 197
    ingredienti 197
    Metodo 198
agnello marinato 199
    ingredienti 199

Metodo 200
Curry di agnello di Goa 202
    ingredienti 202
    Per il mix di spezie: 202
    Metodo 203
carne di bagara 204
    ingredienti 204
    Per il mix di spezie: 204
    Metodo 205
Fegato nel latte di cocco 206
    ingredienti 206
    Per il mix di spezie: 206
    Metodo 207
Masala di agnello con yogurt 208
    ingredienti 208
    Per il mix di spezie: 208
    Metodo 209
Korma a Khada Masala 210
    ingredienti 210
    Metodo 211
Curry di agnello e rognone 212
    ingredienti 212
    Per il mix di spezie: 213
    Metodo 213
Gosh Gulfam 215
    ingredienti 215
    Per la salsa: 215

Metodo 216
Agnello Do Pyaaza 217
　ingredienti 217
　Metodo 218

Melanzane ripiene

per 4 persone

ingredienti

10 melanzane piccole

1 cipolla grande, tritata finemente

3 cucchiai di cocco fresco grattugiato

1 cucchiaino di cumino macinato

1 cucchiaino di peperoncino in polvere

50 g di foglie di coriandolo, tritate

succo di 1 limone

Sale a piacere

3 cucchiai di olio vegetale raffinato

Metodo

- Fai una croce con un coltello su un'estremità di ogni melanzana e taglia, lasciando intatta l'altra estremità. Vattene oltre.

- Mescolare il resto degli ingredienti, tranne l'olio. Farcite questo composto con le melanzane tagliate.

- Scaldare l'olio in una padella. Unite le melanzane e fatele rosolare a fuoco medio per 3-4 minuti. Coprire e cuocere per 10 minuti, girando delicatamente le melanzane di tanto in tanto. Servire caldo.

Sarson ka Saag

(salsa alla senape)

per 4 persone

ingredienti

3 cucchiai di olio vegetale raffinato

100 g di senape tritata

200 g di spinaci tritati finemente

3 peperoncini verdi, tagliati longitudinalmente

Radice di zenzero da 1 cm / ½ pollice, tagliata a julienne

2 spicchi d'aglio schiacciati

Sale a piacere

250 ml/8 fl oz di acqua

2 cucchiai di burro chiarificato

goccia di burro

Metodo

- Scaldare l'olio in una casseruola. Aggiungere la senape, gli spinaci e i peperoni verdi. Friggerli a fuoco medio per un minuto.

- Aggiungere lo zenzero, l'aglio, il sale e l'acqua. Mescolare bene. Cuocere a fuoco basso per 10 minuti.

- Frullare il composto in un frullatore fino a che liscio.

- Trasferire in una casseruola e cuocere a fuoco medio per 15 minuti.

- Guarnire con il burro. Servire caldo.

Soufflè di carote

(Paneer in salsa ricca)

per 4 persone

ingredienti

4 cucchiai di olio vegetale raffinato

Pane da 500 g / 1 libbra 2 once*, Tritato

2 cipolle grandi, schiacciate in una pasta

1 cucchiaino di pasta di zenzero

1 cucchiaino di pasta all'aglio

1 cucchiaino di peperoncino in polvere

300 g / 10 once di passata di pomodoro

200 g di yogurt, shakerato

250 ml di panna liquida

Sale a piacere

Metodo

- Scaldare 1 cucchiaio di olio in una casseruola. Aggiungi i pezzi di paneer. Friggerli a fuoco medio fino a doratura. Scolare e riservare.

- Aggiungi l'olio rimanente nella stessa padella. Aggiungere le cipolle, la pasta di zenzero e la pasta d'aglio. Friggere per un minuto. Aggiungere il paneer e il resto degli ingredienti. Cuocere 5 minuti, mescolando di tanto in tanto. Servire caldo.

Patata tandoori

per 4 persone

ingredienti

16 patate grandi, sbucciate

Olio vegetale raffinato per friggere

3 cucchiai di pomodori tritati finemente

1 cucchiaio di foglie di coriandolo tritate

1 cucchiaino di garam masala

3½ once / 100 g di formaggio cheddar grattugiato

Sale a piacere

Succo di 2 limoni

Metodo

- Tira fuori le patate. Conservare la polpa e le parti scavate.

- Scaldare l'olio in una padella. Aggiungere le patate scavate. Friggerli a fuoco medio fino a doratura. Vattene oltre.

- Nello stesso olio unire le patate raccolte e tutti gli altri ingredienti tranne il succo di limone. Rosolare a fuoco basso per 5 minuti.

- Riempi questa miscela all'interno di patate vuote.

- Cuocere le patate ripiene in un forno a 200°C (400°F, Gas Mark 6) per 5 minuti.

- Versare il succo di limone sulle patate. Servire caldo.

curry di mais

per 4 persone

ingredienti

1 patata grande, bollita e schiacciata

Passata di pomodoro 500g / 1lb 2oz

3 cucchiai di olio vegetale raffinato

8 foglie di curry

2 cucchiai di bacio*

1 cucchiaino di pasta di zenzero

½ cucchiaino di curcuma

Sale a piacere

1 cucchiaino di garam masala

1 cucchiaino di peperoncino in polvere

3 cucchiaini di zucchero

250 ml/8 fl oz di acqua

4 spighe di grano, tagliate in 3 pezzi ciascuna e bollite

Metodo

- Mescolare bene il purè di patate con la passata di pomodoro. Vattene oltre.

- Scaldare l'olio in una casseruola. Aggiungere le foglie di curry. Lasciatele croccare per 10 secondi. Aggiungere la pasta di fagioli e zenzero. Friggere a fuoco basso fino a doratura.

- Aggiungere il composto di patate e pomodori e tutti gli altri ingredienti tranne il mais. Cuocere a fuoco basso per 3-4 minuti.

- Aggiungi i pezzi di mais. Mescolare bene. Cuocere a fuoco basso per 8-10 minuti. Servire caldo.

Pepe Masala Verde

per 4 persone

ingredienti

1 cucchiaio e mezzo di olio vegetale raffinato

1 cucchiaino di garam masala

¼ cucchiaino di curcuma

½ cucchiaino di pasta di zenzero

½ cucchiaino di pasta all'aglio

1 cipolla grande, tritata finemente

1 pomodoro, tritato finemente

4 peperoni verdi grandi, tagliati a julienne

125 g di yogurt

Sale a piacere

Metodo

- Scaldare l'olio in una casseruola. Aggiungere il garam masala, la curcuma, la pasta di zenzero e la pasta d'aglio. Soffriggere questa miscela a fuoco medio per 2 minuti.

- Aggiungi la cipolla. Friggere fino a traslucido.

- Aggiungere il pomodoro e i peperoni verdi. Friggere per 2-3 minuti. Aggiungere lo yogurt e il sale. Mescolare bene. Cuocere 6-7 minuti. Servire caldo.

bottiglia d'acqua senza olio

per 4 persone

ingredienti

Zucca da 500 g / 1 libbra e 2 once*, sbucciato e tritato

2 pomodori, tritati finemente

1 cipolla grande, tritata finemente

1 cucchiaino di pasta di zenzero

1 cucchiaino di pasta all'aglio

2 peperoncini verdi tritati finemente

½ cucchiaino di coriandolo macinato

½ cucchiaino di cumino macinato

25 g / qualche foglia di coriandolo da 1 oz, tritata finemente

120 ml / 4 fl oz di acqua

Sale a piacere

Metodo

- mescola tutti gli ingredienti insieme. Cuocere in una casseruola a fuoco basso per 20 minuti. Servire caldo.

gombo allo yogurt

per 4 persone

ingredienti

3 cucchiai di olio vegetale raffinato

½ cucchiaino di semi di cumino

500 g / 1 lb 2 oz gombo, tritato

½ cucchiaino di peperoncino in polvere

¼ cucchiaino di curcuma

2 peperoncini verdi, tagliati nel senso della lunghezza

1 cucchiaino di zenzero tagliato a julienne

Yogurt da 200 g / 7 once

1 cucchiaino di fagioli*, sciolto in 1 cucchiaio di acqua

Sale a piacere

1 cucchiaio di foglie di coriandolo tritate finemente

Metodo

- Scaldare l'olio in una casseruola. Aggiungi i semi di cumino. Lasciali sfrigolare per 15 secondi.

- Aggiungere l'ocra, il peperoncino in polvere, la curcuma, i peperoncini verdi e lo zenzero.

- Cuocere a fuoco basso per 20 minuti, mescolando di tanto in tanto.

- Aggiungere lo yogurt, la miscela di fagioli e il sale. Cuocere per 5 minuti.

- Guarnire l'okra con le foglie di coriandolo. Servire caldo.

Karela sobbalzò

(zucca amara saltata)

per 4 persone

ingredienti

4 zucche amare di medie dimensioni*

Sale a piacere

1 cucchiaio e mezzo di olio vegetale raffinato

½ cucchiaino di semi di senape

½ cucchiaino di curcuma

½ cucchiaino di pasta di zenzero

½ cucchiaino di pasta all'aglio

2 cipolle grandi, tritate finemente

½ cucchiaino di peperoncino in polvere

¾ cucchiaino di zucchero di canna*, grattugiato

Metodo

- Sbucciare le zucche amare e tagliarle a metà nel senso della lunghezza. Eliminare i semi e affettare sottilmente ogni metà. Aggiungere il sale e lasciare riposare per 20 minuti. Spremere l'acqua. Metti di nuovo da parte.
- Scaldare l'olio in una casseruola. Aggiungi i semi di senape. Lasciali sfrigolare per 15 secondi.
- Aggiungere il resto degli ingredienti e far rosolare a fuoco medio per 2-3 minuti. Aggiungere la zucca amara. Mescolare bene. Cuocere per 5 minuti a fuoco basso. Servire caldo.

cavolo con piselli

per 4 persone

ingredienti

1 cucchiaio di olio vegetale raffinato

1 cucchiaino di semi di senape

2 peperoncini verdi, tagliati nel senso della lunghezza

¼ cucchiaino di curcuma

400 g di cavolo tritato finemente

125 g di piselli freschi

Sale a piacere

2 cucchiai di cocco grattugiato

Metodo

- Scaldare l'olio in una casseruola. Aggiungere i semi di senape e i peperoni verdi. Lasciali sfrigolare per 15 secondi.
- Aggiungere il resto degli ingredienti, tranne il cocco. Cuocere a fuoco basso per 10 minuti.
- Aggiungi il cocco. Mescolare bene. Servire caldo.

Patate al sugo di pomodoro

per 4 persone

ingredienti

2 cucchiai di olio vegetale raffinato

1 cucchiaino di semi di cumino

pizzico di assafetida

½ cucchiaino di curcuma

4 patate grandi, bollite e tagliate a dadini

4 pomodori, tritati finemente

1 cucchiaino di peperoncino in polvere

Sale a piacere

1 cucchiaio di foglie di coriandolo tritate

Metodo

- Scaldare l'olio in una casseruola. Aggiungi semi di cumino, assafetida e curcuma. Lasciali sfrigolare per 15 secondi.
- Aggiungere il resto degli ingredienti, tranne le foglie di coriandolo. Mescolare bene. Cuocere a fuoco basso per 10 minuti. Guarnire con le foglie di coriandolo. Servire caldo.

Uccidi Palak

(piselli e spinaci)

per 4 persone

ingredienti

400 g / 14 once di spinaci, al vapore e tritati

2 peperoni verdi

4-5 cucchiai di olio vegetale raffinato

1 cucchiaino di semi di cumino

1 pizzico di assafetida

1 cucchiaino di curcuma

1 cipolla grande, tritata finemente

1 pomodoro, tritato finemente

1 patata grande, a cubetti

Sale a piacere

200 g / 7 once di piselli

Metodo

- Macina gli spinaci e i peperoni fino a ottenere una pasta fine. Vattene oltre.
- Scaldare l'olio in una casseruola. Aggiungi semi di cumino, assafetida e curcuma. Lasciali sfrigolare per 15 secondi.
- Aggiungi la cipolla. Friggere a fuoco medio fino a traslucido.
- Aggiungi gli altri ingredienti. Mescolare bene. Cuocere a fuoco basso per 7-8 minuti, mescolando di tanto in tanto.
- Aggiungere la pasta di spinaci. Cuocere a fuoco basso per 5 minuti. Servire caldo.

cavolo masala

(cavolo piccante)

per 4 persone

ingredienti

3 cucchiai di olio vegetale raffinato

1 cucchiaino di semi di cumino

¼ cucchiaino di curcuma

1 cucchiaino di pasta all'aglio

1 cucchiaino di pasta di zenzero

1 cipolla grande, tritata finemente

1 pomodoro, tritato finemente

½ cucchiaino di peperoncino in polvere

Sale a piacere

400 g di cavolo, tritato finemente

Metodo

- Scaldare l'olio in una casseruola. Aggiungere i semi di cumino e la curcuma. Lasciali sfrigolare per 15 secondi. Aggiungere la pasta d'aglio, la pasta di zenzero e la cipolla. Friggere a fuoco medio per 2-3 minuti.
- Aggiungere il pomodoro, il peperoncino in polvere, il sale e il cavolo. Mescolare bene. Coprite con un coperchio e fate cuocere a fuoco basso per 10-15 minuti. Servire caldo.

curry di melanzane

per 4 persone

ingredienti

4 peperoni verdi

Radice di zenzero da 2,5 cm / 1 pollice

50 g di foglie di coriandolo, tritate

3 cucchiai di olio vegetale raffinato

1 cucchiaino di mung dhal*

1 cucchiaino di urad dhal*

1 cucchiaino di semi di cumino

½ cucchiaino di semi di senape

500 g / 1 lb 2 oz di melanzane piccole, tagliate a pezzi di 5 cm / 2 pollici

½ cucchiaino di curcuma

1 cucchiaino di pasta di tamarindo

Sale a piacere

250 ml/8 fl oz di acqua

Metodo

- Tritare i peperoncini verdi, lo zenzero e le foglie di coriandolo. Vattene oltre.
- Scaldare l'olio in una casseruola. Aggiungi mung dhal, urad dhal, semi di cumino e semi di senape. Lasciateli sfrigolare per 20 secondi.
- Aggiungere il resto degli ingredienti e la pasta di peperoncino allo zenzero. Mescolare bene. Coprire con un coperchio e cuocere a fuoco lento per 10 minuti, mescolando di tanto in tanto. Servire caldo.

Simla Mirch ka Bharta

(Pepe)

per 4 persone

ingredienti

3 peperoni verdi medi

3 peperoni rossi medi

3 cucchiai di olio vegetale raffinato

2 cipolle grandi, tritate finemente

6 spicchi d'aglio tritati finemente

Radice di zenzero da 2,5 cm / 1 pollice, tritata finemente

½ cucchiaino di peperoncino in polvere

¼ cucchiaino di curcuma

2 pomodori a pezzetti

1 cucchiaino di sale

1 cucchiaio di foglie di coriandolo tritate

Metodo

- Grigliare i peperoni verdi e rossi per 5-6 minuti. Girali spesso per assicurarti che siano ben arrostiti.
- Mondate la pelle bruciata, eliminate i gambi e i semi e tagliate i peperoni a pezzetti. Vattene oltre.
- Scaldare l'olio in una casseruola. Aggiungi cipolle, aglio e zenzero. Friggerli a fuoco medio fino a quando le cipolle sono dorate.
- Aggiungi peperoncino in polvere, curcuma, pomodori e sale. Soffriggere il composto per 4-5 minuti.
- Aggiungere i peperoni. Mescolare bene. Coprite con un coperchio e fate cuocere a fuoco basso per 30 minuti.
- Guarnire le verdure con le foglie di coriandolo. Servire caldo.

Curry di zucca veloce

per 4 persone

ingredienti

1 bottiglia d'acqua di medie dimensioni*, sbucciato e tritato

1 cipolla grande, tritata finemente

60 g / 2 once di pomodori, tritati finemente

4-5 spicchi d'aglio tritati

1 cucchiaio di salsa di pomodoro

1 cucchiaio di foglie di fieno greco essiccate

½ cucchiaino di curcuma

¼ di cucchiaino di pepe nero appena macinato

2 cucchiai di latte

Sale a piacere

1 cucchiaio di foglie di coriandolo tritate

Metodo

- Cuocere tutti gli ingredienti, tranne le foglie di coriandolo, in una casseruola a fuoco medio per 20 minuti, mescolando di tanto in tanto. Coprire con un coperchio.
- Mescola bene il composto. Guarnire con le foglie di coriandolo. Servire caldo.

Curry Kaala Chana

(curry di ceci neri)

per 4 persone

ingredienti

250 g / 9 once kaala chana*, inzuppato tutta la notte

pizzico di bicarbonato di sodio

Sale a piacere

1 litro / 1¾ pinta di acqua

1 cipolla piccola

Radice di zenzero da 2,5 cm / 1 pollice

1 cucchiaio di burro chiarificato

1 pomodoro, a dadini

½ cucchiaino di curcuma

½ cucchiaino di peperoncino in polvere

8-10 foglie di curry

1 cucchiaio di pasta di tamarindo

Metodo

- Mescolare il chana con il bicarbonato di sodio, il sale e metà dell'acqua. Cuocere in una casseruola a fuoco medio per 45 minuti. Schiacciare e riservare.
- Macina la cipolla e lo zenzero fino a ottenere una pasta.
- Riscaldare il burro chiarificato in una casseruola. Aggiungere la pasta di cipolla e zenzero e rosolare fino a doratura.
- Aggiungere la miscela di chana e gli altri ingredienti. Mescolare bene. Cuocere a fuoco basso per 8-10 minuti, mescolando di tanto in tanto. Servire caldo.

Kalina

(Verdure Miste Con Latte)

per 4 persone

ingredienti

750ml / 1¼ pinta di latte

2 platani verdi, sbucciati e tritati

Bottiglia di zucca 250g / 9oz*, Tritato

100 g di cavolo tritato

2 pomodori a pezzetti

1 peperone verde grande, tritato

1 cucchiaino di pasta di tamarindo

1 cucchiaino di coriandolo macinato

1 cucchiaino di cumino macinato

2 cucchiaini di peperoncino in polvere

2 cucchiaini di zucchero di canna*, grattugiato

100 g di foglie di coriandolo, tritate finemente

2 cucchiai di khoya*

Sale a piacere

1 cucchiaio di foglie di coriandolo tritate finemente

Metodo

- Scaldare il latte in una casseruola a fuoco medio fino a quando non inizia a bollire. Aggiungi piantaggine e zucca bottiglia. Mescolare bene. Cuocere per 5 minuti.
- Aggiungere il resto degli ingredienti, tranne le foglie di coriandolo. Mescolare bene. Cuocere a fuoco basso per 8-10 minuti, mescolando spesso.
- Guarnire la kalina con le foglie di coriandolo. Servire caldo.

Cavolfiore tandoori

per 4 persone

ingredienti

1½ cucchiaino di peperoncino in polvere

1½ cucchiaino di garam masala

Succo di 2 limoni

100 g di yogurt

sale nero a piacere

1 kg di cimette di cavolfiore

Metodo

- Unire tutti gli ingredienti tranne il cavolfiore. Quindi marinare il cavolfiore con questa miscela per 4 ore.
- Cuocere in forno preriscaldato a 200°C (400°F, Gas Mark 6) per 5-7 minuti. Servire caldo.

Kaala chana piccante

per 4 persone

ingredienti

500g / 1lb 2oz kaala chana*, inzuppato tutta la notte

500 ml / 16 fl oz di acqua

Sale a piacere

3 cucchiai di olio vegetale raffinato

pizzico di assafetida

½ cucchiaino di semi di senape

1 cucchiaino di semi di cumino

2 denti

1 cm di cannella

¼ cucchiaino di curcuma

1 cucchiaino di coriandolo macinato

1 cucchiaino di cumino macinato

½ cucchiaino di garam masala

1 cucchiaino di pasta di tamarindo

1 cucchiaio di foglie di coriandolo tritate

Metodo

- Cuocere il chana con l'acqua e il sale in una casseruola a fuoco medio per 20 minuti. Vattene oltre.
- Scaldare l'olio in una casseruola. Aggiungere assafetida e semi di senape. Lasciali sfrigolare per 15 secondi. Aggiungere il chana cotto e il resto degli ingredienti, tranne le foglie di coriandolo. Cuocere a fuoco basso per 10-15 minuti.
- Guarnire il kaala chana piccante con foglie di coriandolo. Servire caldo.

Torre Dal Kofta

(polpette di grammo rosso divise)

per 4 persone

ingredienti

600g / 1lb 5oz masoor dhal*, inzuppato tutta la notte

3 peperoncini verdi, tritati finemente

3 cucchiai di foglie di coriandolo tritate

60 g / 2 once di cocco grattugiato

3 cucchiai di semi di cumino

pizzico di assafetida

Sale a piacere

Olio vegetale raffinato per friggere

Metodo

- Lavare e schiacciare il dhal in pezzi grossolani. Impastate bene con il resto degli ingredienti, tranne l'olio, fino ad ottenere un impasto liscio. Dividere in palline della grandezza di una noce.
- Scaldare l'olio in una casseruola. Aggiungere le palline e saltare a fuoco basso fino a doratura. Scolate i kofta e serviteli ben caldi.

Shahi cavolfiore

(cavolfiore ricco)

per 4 persone

ingredienti

8 spicchi d'aglio

Radice di zenzero da 2,5 cm / 1 pollice

½ cucchiaino di curcuma

2 cipolle grandi, grattugiate

4 cucchiaini di semi di papavero

2 cucchiai di burro chiarificato

200 g di yogurt, shakerato

5 pomodori, tritati finemente

200 g di piselli in scatola

1 cucchiaino di zucchero

2 cucchiai di panna fresca

Sale a piacere

250 ml/8 fl oz di acqua

500 g / 1 lb 2 oz di cimette di cavolfiore, fritte

8 piccole patate fritte

Metodo

- Macina l'aglio, lo zenzero, la curcuma, la cipolla e i semi di papavero fino a ottenere una pasta fine. Vattene oltre.
- Scaldare 1 cucchiaio di burro chiarificato in una padella. Aggiungere la pasta di papavero. Saltare per 5 minuti. Aggiungere il resto degli ingredienti, tranne il cavolfiore e le patate. Cuocere a fuoco basso per 4 minuti.
- Aggiungere il cavolfiore e le patate. Cuocere a fuoco lento per 15 minuti e servire caldo.

Gombo Gojju

(composta di gombo)

per 4 persone

ingredienti

500 g / 1 lb 2 oz gombo, a fette

Sale a piacere

2 cucchiai di olio vegetale raffinato più extra per friggere

1 cucchiaino di semi di senape

pizzico di assafetida

Yogurt da 200 g / 7 once

250 ml/8 fl oz di acqua

Metodo

- Mescolare l'okra con il sale. Scaldare l'olio in una casseruola e rosolare l'ocra a fuoco medio fino a doratura. Vattene oltre.
- Scaldare 2 cucchiai di olio. Aggiungi senape e assafetida. Lasciali sfrigolare per 15 secondi. Aggiungi gombo, yogurt e acqua. Mescolare bene. Servire caldo.

patate dolci in salsa verde

per 4 persone

ingredienti

300 g / 10 once di igname*, affettato finemente

1 cucchiaino di peperoncino in polvere

1 cucchiaino di amchour*

½ cucchiaino di pepe nero macinato

Sale a piacere

Olio vegetale raffinato per friggere

Per la salsa:

400 g di spinaci tritati

Zucca bottiglia da 100 g / 3½ once*, grattugiato

pizzico di bicarbonato di sodio

3 peperoni verdi

2 cucchiaini di farina integrale

Sale a piacere

3 cucchiai di olio vegetale raffinato

Radice di zenzero da 1 cm / ½ pollice, tagliata a julienne

1 cipolla piccola tritata finemente

pizzico di cannella in polvere

Pizzico di chiodi di garofano macinati

Metodo

- Mescolare le fette di igname con il peperoncino in polvere, l'amchoor, il pepe e il sale.
- Scaldare l'olio in una casseruola. Aggiungi le fette di igname. Friggerli a fuoco medio fino a doratura. Scolare e riservare.
- Per la salsa, unisci gli spinaci, la zucca bottiglia e il bicarbonato di sodio. Vapore (vedi<u>tecniche di cottura</u>) il composto in una vaporiera a fuoco medio per 10 minuti.
- Macina questo composto con i peperoncini verdi, la farina e il sale fino ad ottenere una pasta semi-liscia. Vattene oltre.
- Scaldare l'olio in una casseruola. Aggiungere lo zenzero e la cipolla. Soffriggere a fuoco medio finché la cipolla non sarà dorata. Aggiungere la cannella in polvere, i chiodi di garofano macinati e la miscela di spinaci. Mescolare bene. Cuocere a fuoco medio per 8-10 minuti, mescolando di tanto in tanto.
- Aggiungi l'igname a questa salsa verde. Mescolare bene. Coprire con un coperchio e cuocere a fuoco lento per 4-5 minuti. Servire caldo.

Simla Mirch ki Sabzi

(peperone verde essiccato)

per 4 persone

ingredienti

2 cucchiai di olio vegetale raffinato

2 cipolle grandi, tritate finemente

¾ cucchiaino di pasta di zenzero

¾ cucchiaino di pasta d'aglio

1 cucchiaino di coriandolo macinato

¼ cucchiaino di curcuma

½ cucchiaino di garam masala

½ cucchiaino di peperoncino in polvere

2 pomodori, tritati finemente

Sale a piacere

4 peperoni verdi grandi, tritati

1 cucchiaio di foglie di coriandolo tritate finemente

Metodo

- Scaldare l'olio in una casseruola. Aggiungere le cipolle, la pasta di zenzero e la pasta d'aglio. Soffriggere a fuoco medio fino a quando le cipolle sono dorate.
- Aggiungere tutti gli altri ingredienti tranne le foglie di coriandolo. Mescolare bene. Friggere la miscela a fuoco basso per 10-15 minuti.
- Guarnire con le foglie di coriandolo. Servire caldo.

curry di cavolfiore

per 4 persone

ingredienti

3 cucchiai di olio vegetale raffinato

1 cucchiaino di semi di cumino

¼ cucchiaino di curcuma

1 cucchiaino di pasta di zenzero

1 cucchiaino di coriandolo macinato

1 cucchiaino di peperoncino in polvere

200 g / 7 once di passata di pomodoro

1 cucchiaino di zucchero a velo

Sale a piacere

400 g di cimette di cavolfiore

120 ml / 4 fl oz di acqua

Metodo

- Scaldare l'olio in una casseruola. Aggiungi i semi di cumino. Lasciali sfrigolare per 15 secondi.
- Aggiungere il resto degli ingredienti, tranne l'acqua. Mescolare bene. Aggiungere acqua. Coprite con un coperchio e fate cuocere a fuoco basso per 12-15 minuti. Servire caldo

haaq

(spinaci al curry)

per 4 persone

ingredienti

1/2 cm di radice di zenzero, tagliata a julienne

1 cucchiaino di semi di finocchio, schiacciati

2 cucchiai di olio vegetale raffinato

2 peperoncini rossi secchi

¼ di cucchiaino di assafetida

1 peperoncino verde, tagliato nel senso della lunghezza

Sale a piacere

400 g / 14 once di spinaci tritati finemente

500 ml / 16 fl oz di acqua

Metodo

- Zenzero tostato a secco e semi di finocchio. Vattene oltre.
- Scaldare l'olio in una casseruola. Aggiungere i peperoni rossi, l'assafetida, i peperoni verdi e il sale. Soffriggere questa miscela a fuoco medio per 1 minuto.
- Aggiungere la miscela di zenzero e semi di finocchio. Friggere per un minuto. Aggiungere gli spinaci e l'acqua. Coprite con un coperchio e fate cuocere a fuoco basso per 8-10 minuti. Servire caldo.

cavolfiore essiccato

per 4 persone

ingredienti

3 cucchiai di olio vegetale raffinato

1 cucchiaino di semi di cumino

¼ cucchiaino di curcuma

2 peperoncini verdi tritati finemente

1 cucchiaino di pasta di zenzero

½ cucchiaino di zucchero a velo

400 g di cimette di cavolfiore

Sale a piacere

60 ml / 2 fl oz di acqua

¼ oz / 10 g di foglie di coriandolo, tritate

Metodo

- Scaldare l'olio in una casseruola. Aggiungi i semi di cumino. Lasciali sfrigolare per 15 secondi.
- Aggiungere la curcuma, i peperoncini verdi, la pasta di zenzero e lo zucchero a velo. Friggere a fuoco medio per un minuto. Aggiungere il cavolfiore, il sale e l'acqua. Mescolare bene. Coprite con un coperchio e fate cuocere a fuoco basso per 12-15 minuti.
- Guarnire con le foglie di coriandolo. Servire caldo.

Korma vegetale

(Verdure miste)

per 4 persone

ingredienti

3 cucchiai di olio vegetale raffinato

1 cm di cannella

2 denti

2 baccelli di cardamomo verde

2 cipolle grandi, tritate finemente

¼ cucchiaino di curcuma

½ cucchiaino di pasta di zenzero

½ cucchiaino di pasta all'aglio

Sale a piacere

10 once / 300 g di verdure miste surgelate

250 ml/8 fl oz di acqua

1 cucchiaino di semi di papavero

Metodo

- Scaldare l'olio in una casseruola. Aggiungere cannella, chiodi di garofano e cardamomo. Lasciali sfrigolare per 30 secondi.
- Aggiungere la cipolla, la curcuma, la pasta di zenzero, la pasta d'aglio e il sale. Friggere la miscela a fuoco medio per 2-3 minuti, mescolando continuamente.
- Aggiungere le verdure e l'acqua. Mescolare bene. Coprite con un coperchio e fate cuocere a fuoco basso per 5-6 minuti, mescolando di tanto in tanto.
- Aggiungi i semi di papavero. Mescolare bene. Lasciar sobbollire altri 2 minuti. Servire caldo.

melanzana fritta

per 4 persone

ingredienti

500 g / 1 lb 2 oz di melanzane, a fette

4 cucchiai di olio vegetale raffinato

Per il sottaceto:

1 cucchiaino di peperoncino in polvere

½ cucchiaino di pepe nero macinato

½ cucchiaino di curcuma

1 cucchiaino di amchour*

Sale a piacere

1 cucchiaio di farina di riso

Metodo

- Unire gli ingredienti della marinata. Marinare le fette di melanzane con questo composto per 10 minuti.
- Scaldare l'olio in una padella. Aggiungere le fette di melanzane. Fateli rosolare a fuoco basso per 7 minuti. Capovolgere le fette e friggerle nuovamente per 3 minuti. Servire caldo.

curry di pomodoro rosso

per 4 persone

ingredienti

1 cucchiaio di arachidi tostate secche

1 cucchiaio di anacardi tostati

4 pomodori schiacciati

1 peperone verde piccolo, tritato

3 cucchiai di olio vegetale raffinato

1 cucchiaino di pasta di zenzero

1 cucchiaino di pasta all'aglio

1 cipolla grande tritata

1½ cucchiaino di garam masala

¼ cucchiaino di curcuma

½ cucchiaino di zucchero

Sale a piacere

Metodo

- Unire arachidi e anacardi e macinare. Vattene oltre.
- Macina insieme i pomodori e il peperone verde. Vattene oltre.
- Scaldare l'olio in una padella. Aggiungere la pasta di zenzero e la pasta d'aglio. Friggere a fuoco medio per un minuto. Aggiungere la cipolla, il garam masala, la curcuma, lo zucchero e il sale. Friggere la miscela per 2-3 minuti.
- Aggiungere il composto di arachidi e anacardi e il composto di pomodori e peperoni. Mescolare bene. Coprire con un coperchio e cuocere a fuoco lento per 15 minuti. Servire caldo.

Curry Aloo Uccidi

(Patate al curry e piselli)

per 4 persone

ingredienti

1 cucchiaio e mezzo di olio vegetale raffinato

1 cucchiaino di semi di cumino

1 cipolla grande, tritata finemente

½ cucchiaino di curcuma

1 cucchiaino di coriandolo macinato

1 cucchiaino di cumino macinato

1 cucchiaino di peperoncino in polvere

200 g / 7 once di passata di pomodoro

Sale a piacere

2 patate grandi, tritate

400 g / 14 once di piselli

120 ml / 4 fl oz di acqua

Metodo

- Scaldare l'olio in una casseruola. Aggiungi i semi di cumino. Lasciali sfrigolare per 15 secondi. Aggiungi la cipolla. Friggerlo a fuoco medio fino a doratura.
- Aggiungi gli altri ingredienti. Cuocere a fuoco basso per 15 minuti. Servire caldo.

Badshahi Baingan

(melanzane alla Real)

per 4 persone

ingredienti

8 melanzane piccole

Sale a piacere

30 g / 1 oz di burro chiarificato

2 cipolle grandi, affettate

1 cucchiaio di anacardi

1 cucchiaio di uvetta

1 cucchiaino di pasta di zenzero

1 cucchiaino di pasta all'aglio

1 cucchiaino di coriandolo macinato

1 cucchiaino di garam masala

¼ cucchiaino di curcuma

Yogurt da 200 g / 7 once

1 cucchiaino di foglie di coriandolo tritate

Metodo

- Tagliare le melanzane a metà nel senso della lunghezza. Strofinali con il sale e mettili da parte per 10 minuti. Spremere l'umidità in eccesso e mettere di nuovo da parte.
- Riscaldare il burro chiarificato in una casseruola. Aggiungere le cipolle, gli anacardi e l'uvetta. Friggerli a fuoco medio fino a doratura. Scolare e riservare.
- Allo stesso burro chiarificato, aggiungere le melanzane e farle rosolare a fuoco medio fino a renderle morbide. Scolare e riservare.
- Aggiungi pasta di zenzero e pasta d'aglio allo stesso burro chiarificato. Friggere per un minuto. Incorporare con gli altri ingredienti. Cuocere 7-8 minuti a fuoco medio.
- Aggiungere le melanzane. Cuocere a fuoco basso per 2 minuti. Guarnire con cipolle fritte, anacardi e uvetta. Servire caldo.

Patate Garam Masala

per 4 persone

ingredienti

3 cucchiai di olio vegetale raffinato

1 cipolla grande, tritata finemente

10 spicchi d'aglio tritati finemente

½ cucchiaino di curcuma

1 cucchiaino di garam masala

Sale a piacere

3 patate grandi, bollite e tagliate a dadini

240 ml / 6 fl oz di acqua

Metodo

- Scaldare l'olio in una casseruola. Aggiungi cipolla e aglio. Friggere per 2 minuti.
- Aggiungi gli ingredienti rimanenti e mescola bene. Servire caldo.

Tamil Korma

(verdure miste in stile tamil)

per 4 persone

ingredienti

4 cucchiai di olio vegetale raffinato

1 cucchiaino di semi di cumino

2 patate grandi, tritate

2 carote grandi, tritate

100 g di fagiolini, tritati

Sale a piacere

Per il mix di spezie:

100 g / 3½ oz di cocco fresco, grattugiato

4 peperoni verdi

100 g di foglie di coriandolo, tritate

1 cucchiaino di semi di papavero

1 cucchiaino di pasta di zenzero

1 cucchiaino di curcuma

Metodo

- Macinare tutti gli ingredienti per la miscela di spezie in una pasta liscia. Vattene oltre.
- Riscaldare l'olio. Aggiungi i semi di cumino. Lasciali sfrigolare per 15 secondi.
- Aggiungere il resto degli ingredienti e il mix di spezie macinate. Cuocere per 15 minuti a fuoco basso, mescolando di tanto in tanto. Servire caldo.

Melanzane secche con cipolla e patate

per 4 persone

ingredienti

3 cucchiai di olio vegetale raffinato

1 cucchiaino di semi di senape

300 g di melanzane, tritate

¼ cucchiaino di curcuma

3 cipolle piccole, tritate finemente

2 patate grandi, bollite e tagliate a dadini

1 cucchiaino di peperoncino in polvere

1 cucchiaino di amchour*

Sale a piacere

Metodo

- Scaldare l'olio in una casseruola. Aggiungi i semi di senape. Lasciali sfrigolare per 15 secondi.
- Aggiungere melanzane e curcuma. Rosolare a fuoco basso per 10 minuti.
- Aggiungi gli altri ingredienti. Mescolare bene. Coprite con un coperchio e fate sobbollire per 10 minuti. Servire caldo.

Koftas Lajawab

(polpette con formaggio in salsa)

per 4 persone

ingredienti

3 cucchiai di olio vegetale raffinato

3 cipolle grandi, grattugiate

Radice di zenzero da 2,5 cm / 1 pollice, macinata

3 pomodori, purè

1 cucchiaino di curcuma

Sale a piacere

120 ml / 4 fl oz di acqua

Per i kofta:

400 g di formaggio cheddar, grattugiato

250 g / 9 once di farina di mais

½ cucchiaino di pepe nero appena macinato

1 cucchiaino di garam masala

Sale a piacere

Olio vegetale raffinato per friggere

Metodo

- Mescolare tutti gli ingredienti kofta, tranne l'olio, insieme. Dividere in palline della grandezza di una noce. Scaldare l'olio in una casseruola. Aggiungi i kofta. Friggerli a fuoco medio fino a doratura. Scolare e riservare.
- Scaldare 3 cucchiai di olio in una casseruola. Aggiungere le cipolle e soffriggere fino a doratura.
- Aggiungi gli ingredienti rimanenti e mescola bene. Cuocere 8 minuti, mescolando di tanto in tanto. Aggiungi i kofta a questa salsa e servi caldo.

Teekha Baingan Masala

(melanzane calde)

per 4 persone

ingredienti

2 cucchiai di olio vegetale raffinato

3 cipolle grandi, tritate

10 spicchi d'aglio, schiacciati

Radice di zenzero da 2,5 cm / 1 pollice, grattugiata

1 cucchiaino di pasta di tamarindo

2 cucchiai di garam masala

Sale a piacere

500 g / 1 lb 2 oz di melanzane baby, tritate

Metodo

- Scaldare 2 cucchiai di olio in una casseruola. Aggiungi le cipolle. Friggere a fuoco medio per 3 minuti. Aggiungere aglio, zenzero, tamarindo, garam masala e sale. Mescolare bene.
- Aggiungere le melanzane. Mescolare bene. Coprire con un coperchio e cuocere a fuoco lento per 15 minuti, mescolando di tanto in tanto. Servire caldo.

kofta vegetale

(Polpette con verdure in salsa cremosa)

per 4 persone

ingredienti

6 patate grandi, sbucciate e tritate

3 carote grandi, sbucciate e tritate

Sale a piacere

Farina per impanare

2 cucchiai di olio vegetale raffinato più extra per friggere

3 cipolle grandi, affettate sottilmente

4 spicchi d'aglio tritati finemente

Radice di zenzero da 2,5 cm / 1 pollice, tritata finemente

4 denti, rettificati

½ cucchiaino di curcuma

2 pomodori, purè

1 cucchiaino di peperoncino in polvere

4 cucchiai di panna fresca

25 g di foglie di coriandolo appena 1 oz, tritate

Metodo

- Lessare le patate e le carote in acqua salata per 15 minuti. Scolare e riservare il brodo. Salare le verdure e schiacciarle.
- Dividi la purea in palline delle dimensioni di un limone. Infarinare e friggere i kofta nell'olio a fuoco medio fino a doratura. Vattene oltre.
- Scaldare 2 cucchiai di olio in una casseruola. Aggiungere la cipolla, l'aglio, lo zenzero, i chiodi di garofano e la curcuma. Friggere a fuoco medio per 4-5 minuti. Aggiungere i pomodori, il peperoncino in polvere e il brodo vegetale. Cuocere a fuoco basso per 4 minuti.
- Aggiungi i kofta. Decorare con panna e foglie di coriandolo. Servire caldo.

zucca essiccata

per 4 persone

ingredienti

3 cucchiai di olio vegetale raffinato

1 cucchiaino di semi di cumino

¼ cucchiaino di curcuma

¾ cucchiaino di coriandolo macinato

Sale a piacere

750 g / 1 lb 10 oz zucca, tritata

60 ml / 2 fl oz di acqua

Metodo

- Scaldare l'olio in una casseruola. Aggiungere i semi di cumino e la curcuma. Lasciali sfrigolare per 15 secondi.
- Aggiungi gli altri ingredienti. Mescolare bene. Coprire con un coperchio e cuocere a fuoco lento per 15 minuti. Servire caldo.

Verdure miste con fieno greco

per 4 persone

ingredienti

4-5 cucchiai di olio vegetale raffinato

1 cucchiaino di semi di senape

½ cucchiaino di semi di fieno greco

2 cipolle grandi, tritate finemente

2 patate dolci grandi, a dadini

4 melanzane piccole, a dadini

2 peperoni verdi grandi, a dadini

3 patate grandi, a cubetti

100 g di fagiolini, tritati

½ cucchiaino di curcuma

1 cucchiaino di peperoncino in polvere

2 cucchiai di pasta di tamarindo

1 cucchiaio di foglie di coriandolo tritate

8-10 foglie di curry

1 cucchiaino di zucchero

Sale a piacere

750ml / 1¼ pinta d'acqua

Metodo

- Scaldare l'olio in una casseruola. Aggiungere i semi di senape e il fieno greco. Lasciali sfrigolare per 15 secondi. Aggiungi le cipolle. Friggere fino a renderle trasparenti.
- Aggiungere il resto degli ingredienti, tranne l'acqua. Mescolare bene. Aggiungere acqua. Cuocere a fuoco basso per 20 minuti. Servire caldo.

Dum Gobhi

(cavolfiore cotto a fuoco lento)

per 4 persone

ingredienti

Radice di zenzero da 2,5 cm / 1 pollice, tagliata a julienne

2 pomodori, tritati finemente

¼ cucchiaino di curcuma

1 cucchiaio di yogurt

½ cucchiaino di garam masala

Sale a piacere

800 g di cimette di cavolfiore

Metodo

- Mescolare tutti gli ingredienti tranne le cimette di cavolfiore.
- Mettete le cimette di cavolfiore in una casseruola e versateci sopra questo composto. Coprire con un coperchio e cuocere a fuoco lento per 20 minuti, mescolando di tanto in tanto. Servire caldo.

chole

(Curry di ceci)

Per 5 persone

ingredienti

375 g di ceci, messi a bagno per una notte

1 litro / 1¾ pinta di acqua

Sale a piacere

1 pomodoro, tritato finemente

3 cipolle piccole, tritate finemente

1½ cucchiaio di foglie di coriandolo, tritate finemente

2 cucchiai di olio vegetale raffinato

1 cucchiaino di semi di cumino

1 cucchiaino di pasta di zenzero

1 cucchiaino di pasta all'aglio

2 foglie di alloro

1 cucchiaino di zucchero

1 cucchiaino di peperoncino in polvere

½ cucchiaino di curcuma

1 cucchiaio di burro chiarificato

4 peperoncini verdi, tagliati nel senso della lunghezza

½ cucchiaino di cannella in polvere

½ cucchiaino di chiodi di garofano macinati

succo di 1 limone

Metodo

- Mescolare i ceci con metà dell'acqua e il sale. Cuocere questa miscela in una casseruola a fuoco medio per 30 minuti. Togliere dal fuoco e scolare i ceci.
- Schiacciare 2 cucchiai di ceci con metà del pomodoro, una cipolla e metà delle foglie di coriandolo in una pasta fine. Vattene oltre.
- Scaldare l'olio in una padella capiente. Aggiungi i semi di cumino. Lasciali sfrigolare per 15 secondi.
- Aggiungere le restanti cipolle, la pasta di zenzero e la pasta d'aglio. Soffriggere questa miscela a fuoco medio fino a quando le cipolle sono dorate.
- Aggiungere il pomodoro rimasto insieme alle foglie di alloro, lo zucchero, il peperoncino in polvere, la curcuma e il concentrato di ceci e pomodoro. Soffriggere questa miscela a fuoco medio per 2-3 minuti.
- Aggiungere i restanti ceci con la restante acqua. Cuocere a fuoco basso per 8-10 minuti. Vattene oltre.

- Riscaldare il burro chiarificato in una piccola casseruola. Aggiungere i peperoncini verdi, la cannella in polvere e i chiodi di garofano. Lasciali sfrigolare per

30 secondi. Versare questo composto sui ceci. Mescolare bene. Cospargi il succo di limone e le foglie di coriandolo rimanenti sopra la parte superiore del chhole. Servire caldo.

Curry di melanzane con cipolle e patate

per 4 persone

ingredienti

3 cucchiai di olio vegetale raffinato

2 cipolle grandi, tritate finemente

1 cucchiaino di pasta di zenzero

1 cucchiaino di pasta all'aglio

1 cucchiaino di coriandolo macinato

1 cucchiaino di cumino macinato

1 cucchiaino di peperoncino in polvere

¼ cucchiaino di curcuma

120 ml / 4 fl oz di acqua

Sale a piacere

250 g di melanzane piccole

250 g di patate novelle, dimezzate

50 g di foglie di coriandolo, tritate finemente

Metodo

- Scaldare l'olio in una casseruola. Aggiungi le cipolle. Friggere finché non diventano traslucidi.
- Aggiungere il resto degli ingredienti, tranne le foglie di coriandolo. Mescolare bene. Cuocere a fuoco basso per 15 minuti.
- Guarnire con le foglie di coriandolo. Servire caldo.

zucca naturale

per 4 persone

ingredienti

½ cucchiaio di ghee

1 cucchiaino di semi di cumino

2 peperoncini verdi, tagliati nel senso della lunghezza

Bottiglia d'acqua da 750 g / 1 libbra 10 once*, Tritato

Sale a piacere

120 ml di latte

1 cucchiaio di cocco grattugiato

10 g di foglie di coriandolo tritate finemente

Metodo

- Riscaldare il burro chiarificato in una casseruola. Aggiungere i semi di cumino e i peperoncini verdi. Lasciali sfrigolare per 15 secondi.
- Aggiungere la zucca, il sale e il latte. Cuocere a fuoco basso per 10-12 minuti.
- Aggiungi gli altri ingredienti. Mescolare bene. Servire caldo.

Curry misto di verdure

per 4 persone

ingredienti

3 cucchiai di olio vegetale raffinato

1 cucchiaino di semi di cumino

1 cucchiaino di coriandolo macinato

½ cucchiaino di cumino macinato

1 cucchiaino di peperoncino in polvere

¼ cucchiaino di curcuma

½ cucchiaino di zucchero

1 carota tagliata a listarelle

1 patata grande, a cubetti

200 g di fagiolini tritati

50 g di cimette di cavolfiore

Sale a piacere

200 g / 7 once di passata di pomodoro

120 ml / 4 fl oz di acqua

10 g di foglie di coriandolo tritate finemente

Metodo

- Scaldare l'olio in una casseruola. Aggiungere i semi di cumino, il coriandolo macinato e il cumino macinato. Lasciali sfrigolare per 15 secondi.
- Aggiungere il resto degli ingredienti, tranne le foglie di coriandolo. Mescolare bene. Cuocere a fuoco basso per 15 minuti.
- Guarnire il curry con le foglie di coriandolo. Servire caldo.

Verdure miste essiccate

per 4 persone

ingredienti

3 cucchiai di olio vegetale raffinato

1 cucchiaino di semi di cumino

1 cucchiaino di coriandolo macinato

½ cucchiaino di cumino macinato

¼ cucchiaino di curcuma

1 carota, tagliata a julienne

1 patata grande, a cubetti

200 g di fagiolini tritati

60 g di cimette di cavolfiore

Sale a piacere

120 ml / 4 fl oz di acqua

¼ oz / 10 g di foglie di coriandolo, tritate

Metodo

- Scaldare l'olio in una casseruola. Aggiungi i semi di cumino. Lasciali sfrigolare per 15 secondi.
- Aggiungere il resto degli ingredienti, tranne le foglie di coriandolo. Mescolare bene e cuocere per 15 minuti a fuoco basso.
- Guarnire con foglie di coriandolo e servire caldo.

patate e piselli secchi

per 4 persone

ingredienti

3 cucchiai di olio vegetale raffinato

1 cucchiaino di semi di cumino

½ cucchiaino di curcuma

1 cucchiaino di garam masala

2 patate grandi, bollite e tagliate a dadini

400 g di piselli cotti

Sale a piacere

Metodo

- Scaldare l'olio in una casseruola. Aggiungere i semi di cumino e la curcuma. Lasciali sfrigolare per 15 secondi.
- Aggiungi gli altri ingredienti. Rosolare a fuoco medio per 5 minuti. Servire caldo.

Dhokar Dhalna

(Curry di ceci del Bengala)

per 4 persone

ingredienti

300 g/10 once chana dhal*, inzuppato tutta la notte

2 cucchiai di olio di senape

1 cucchiaino di semi di cumino

Sale a piacere

5 cm / 2 pollici di cannella

4 baccelli di cardamomo verde

6 denti

½ cucchiaino di curcuma

½ cucchiaino di zucchero

250 ml/8 fl oz di acqua

3 patate grandi, tagliate a dadini e fritte

Metodo

- Macina il chana dhal con acqua a sufficienza per formare una pasta liscia. Vattene oltre.

- Scaldare metà dell'olio in una casseruola. Aggiungi metà dei semi di cumino. Lasciali sfrigolare per 15 secondi. Aggiungere la pasta dhal e il sale. Friggere per 2-3 minuti. Scolare e stendere su un piatto grande e lasciare riposare. Tagliare in pezzi da 2,5 cm / 1 pollice. Vattene oltre.

- Friggere questi pezzi di dhal nell'olio rimanente fino a doratura. Vattene oltre.

- Nello stesso olio, aggiungi il resto degli ingredienti, tranne le patate. Cuocere per 2 minuti. Aggiungere le patate e i pezzi di dhal. Mescolare bene. Cuocere a fuoco basso per 4-5 minuti. Servire caldo.

Patatine piccanti

per 4 persone

ingredienti

Olio vegetale raffinato da 250 ml / 8 fl oz

3 patate grandi, tagliate a listarelle sottili

½ cucchiaino di peperoncino in polvere

1 cucchiaino di pepe nero appena macinato

Sale a piacere

Metodo

- Scaldare l'olio in una casseruola. Aggiungere le strisce di patate. Friggerli a fuoco medio fino a doratura.
- Scolare e mescolare bene con il resto degli ingredienti. Servire caldo.

Zucca con grammo bollito

per 4 persone

ingredienti

1 cucchiaio di olio vegetale raffinato

1 cucchiaino di semi di cumino

½ cucchiaino di curcuma

500 g di zucca, tagliata a pezzi

125 g / 4½ once di kaala chana*, Cucinato

1 cucchiaino di coriandolo macinato

1 cucchiaino di cumino macinato

1 cucchiaino di peperoncino in polvere

Sale a piacere

120 ml / 4 fl oz di acqua

10 g di foglie di coriandolo tritate finemente

Metodo

- Scaldare l'olio in una casseruola. Aggiungere i semi di cumino e la curcuma. Lasciali sfrigolare per 15 secondi.
- Aggiungere il resto degli ingredienti, tranne l'acqua e le foglie di coriandolo. Friggere la miscela a fuoco medio per 2-3 minuti.
- Aggiungere acqua. Mescolare bene. Coprire con un coperchio e cuocere a fuoco lento per 15 minuti, mescolando di tanto in tanto.
- Guarnire con le foglie di coriandolo. Servire caldo.

Dum Aloo

(Patate cotte a fuoco lento)

per 4 persone

ingredienti

1 cucchiaio di olio vegetale raffinato

500 g di patate novelle, bollite e sbucciate

Sale a piacere

1 cucchiaino di pasta di tamarindo

Per la pasta:

½ cucchiaino di peperoncino in polvere

¼ cucchiaino di curcuma

¼ di cucchiaino di pepe nero in grani

2 cucchiaini di semi di coriandolo

1 cardamomo nero

Cannella da 2,5 cm / 1 pollice

2 denti

6 spicchi d'aglio

Metodo

- Macina insieme gli ingredienti dell'impasto. Scaldare l'olio in una padella. Aggiungi la pasta. Friggere a fuoco medio per 10 minuti.
- Aggiungi gli altri ingredienti. Mescolare bene. Cuocere per 8 minuti. Servire caldo.

makkhanwala vegetale

(Verdure al burro)

per 4 persone

ingredienti

120 ml di panna liquida

½ cucchiaino di farina bianca

120 ml di latte

4 cucchiai di salsa di pomodoro

1 cucchiaio di burro

2 cipolle grandi, tritate finemente

500 g / 1 lb 2 oz di verdure miste surgelate

1 cucchiaino di garam masala

½ cucchiaino di peperoncino in polvere

Sale a piacere

Metodo

- Mescolare panna, farina, latte e ketchup. Vattene oltre.
- Scaldare il burro in una casseruola. Aggiungi le cipolle. Friggerli a fuoco medio finché non diventano traslucidi.
- Aggiungere le verdure, il garam masala, il peperoncino in polvere, il sale e il composto di panna e farina. Mescolare bene. Cuocere a fuoco basso per 10-12 minuti. Servire caldo.

Fagiolini con mung dhal

per 4 persone

ingredienti

1 cucchiaio di olio vegetale raffinato

1 cucchiaino di semi di senape

¼ cucchiaino di curcuma

2 peperoncini verdi, tagliati nel senso della lunghezza

400 g di fagiolini, tritati

3 cucchiai di mung dhal*, messo a bagno per 30 minuti e scolato

Sale a piacere

120 ml / 4 fl oz di acqua

2 cucchiai di foglie di coriandolo tritate

Metodo

- Scaldare l'olio in una casseruola. Aggiungere i semi di senape, la curcuma e i peperoncini verdi. Lasciali sfrigolare per 15 secondi.
- Aggiungere il resto degli ingredienti, tranne l'acqua e le foglie di coriandolo. Mescolare bene. Aggiungere acqua. Cuocere a fuoco basso per 15 minuti.
- Aggiungere le foglie di coriandolo e servire caldo.

Patate piccanti con salsa allo yogurt

per 4 persone

ingredienti

1 cucchiaino di fagioli*, mescolato con 4 cucchiai di acqua

Yogurt da 200 g / 7 once

750 g / 1 lb 10 oz di patate bollite e tagliate a cubetti

½ cucchiaino di chaat masala*

½ cucchiaino di cumino macinato, tostato a secco

½ cucchiaino di peperoncino in polvere

¼ cucchiaino di curcuma

1 cucchiaio di olio vegetale raffinato

1 cucchiaino di semi di sesamo bianco

2 peperoncini rossi secchi, tagliati in quattro

Sale a piacere

10 g di foglie di coriandolo tritate finemente

Metodo

- Sbattere la pasta di fagioli con lo yogurt. Vattene oltre.
- Mescolare le patate con chaat masala, cumino macinato, peperoncino in polvere e curcuma. Vattene oltre.
- Scaldare l'olio in una casseruola. Aggiungere i semi di sesamo e i pezzetti di peperoncino. Lasciali sfrigolare per 15 secondi.
- Aggiungere le patate, la miscela di yogurt e il sale. Mescolare bene. Cuocere a fuoco basso per 4-5 minuti. Guarnire con le foglie di coriandolo. Servire caldo.

Peperone verde ripieno

per 4 persone

ingredienti

4 cucchiai di olio vegetale raffinato

1 cipolla grande, tritata

½ cucchiaino di pasta di zenzero

½ cucchiaino di pasta all'aglio

1 cucchiaino di garam masala

2 grandi patate bollite e schiacciate

50 g di piselli lessati

1 carota piccola, bollita e tritata

pizzico di assafetida

Sale a piacere

8 piccoli peperoni verdi, privati del torsolo

Metodo

- Scaldare ½ cucchiaio di olio in una padella. Aggiungere la cipolla e soffriggere fino a renderla traslucida.
- Aggiungere il resto degli ingredienti, tranne i peperoni. Mescolare bene. Friggere per 3-4 minuti.
- Riempire i peperoni con questo composto. Vattene oltre.
- Scaldare l'olio rimanente in una padella. Aggiungere i peperoni ripieni. Friggerli a fuoco basso per 7-10 minuti, girandoli di tanto in tanto. Servire caldo.

Doi Phulkopi Aloo

(cavolfiore bengalese e patate allo yogurt)

per 4 persone

ingredienti

Yogurt 300 g / 10 once

¼ cucchiaino di curcuma

1 cucchiaino di zucchero

Sale a piacere

200 g di cimette di cavolfiore

4 patate, tagliate a dadini e leggermente fritte

2 cucchiai di olio di senape

5 cm / 2 pollici di cannella

4 baccelli di cardamomo verde

6 denti

2 foglie di alloro

Metodo

- Mescolare lo yogurt, la curcuma, lo zucchero e il sale. Marinare il cavolfiore e le patate con questo composto per 20 minuti.
- Scaldare l'olio in una casseruola. Friggere gli ingredienti rimanenti per 1-2 minuti.
- Aggiungere le verdure marinate. Cuocere a fuoco basso per 6-7 minuti. Servire caldo.

Peperone Verde con Besan

per 4 persone

ingredienti

4 cucchiai di olio vegetale raffinato

½ cucchiaino di semi di senape

500 g / 1 lb 2 oz di peperoni verdi, privati del torsolo e tritati

½ cucchiaino di curcuma

½ cucchiaino di coriandolo macinato

½ cucchiaino di cumino macinato

500g / 1lb 2oz bacio*, mescolato con 120ml / 4fl oz di acqua

1 cucchiaino di zucchero

Sale a piacere

1 cucchiaio di foglie di coriandolo

Metodo

- Scaldare l'olio in una casseruola. Aggiungi i semi di senape. Lasciali sfrigolare per 15 secondi.
- Aggiungi peperoni verdi, curcuma, coriandolo macinato e cumino macinato. Mescolare bene. Coprire con un coperchio e cuocere a fuoco lento per 5-7 minuti.

- Aggiungere la farina, lo zucchero e il sale. Mescolare fino a quando il bacio ricopre i peperoni. Guarnire con le foglie di coriandolo. Servire caldo.

Melanzane con piselli

per 4 persone

ingredienti

2 cucchiai di olio vegetale raffinato

½ cucchiaino di semi di senape

pizzico di assafetida

½ cucchiaino di curcuma

2 cipolle grandi, tritate finemente

2 pomodori, tritati finemente

1 cucchiaino di zucchero

Sale a piacere

120 ml / 4 fl oz di acqua

300 g di melanzane novelle, tritate

400 g di piselli freschi

25 g / appena 1 oz di foglie di coriandolo

Metodo

- Scaldare l'olio in una casseruola. Aggiungere i semi di senape, l'assafetida e la curcuma. Lasciali sfrigolare per 15 secondi.
- Aggiungi le cipolle. Friggere fino a doratura. Aggiungere i pomodori, lo zucchero, il sale, l'acqua, le melanzane ei piselli. Mescolare bene. Coprire con un coperchio. Cuocere a fuoco basso per 10 minuti.
- Guarnire con le foglie di coriandolo. Servire caldo.

Bandakopi Ghonto

(cavolo bengalese con piselli)

per 4 persone

ingredienti

2 cucchiai di olio di senape

1 cucchiaino di semi di cumino

4 peperoncini verdi tritati

½ cucchiaino di curcuma

1 cucchiaino di zucchero

150 g di cavolo, affettato sottilmente

400 g di piselli surgelati

Sale a piacere

¼ di cucchiaino di cannella in polvere

¼ di cucchiaino di cardamomo macinato

¼ di cucchiaino di chiodi di garofano macinati

Metodo

- Scaldare l'olio in una casseruola. Aggiungere i semi di cumino e i peperoncini verdi. Lasciali sfrigolare per 15 secondi.
- Aggiungere la curcuma, lo zucchero, il cavolo, i piselli e il sale. Mescolare bene. Coprite con un coperchio e fate cuocere a fuoco basso per 8-10 minuti.
- Guarnire con cannella in polvere, cardamomo e chiodi di garofano. Servire caldo.

Murgh Bagan-e-Bahar

(cosce di pollo alla griglia)

per 4 persone

ingredienti

Sale a piacere

1½ cucchiaino di pasta di zenzero

1½ cucchiaini di pasta d'aglio

1 cucchiaino di garam masala

8 cosce di pollo

1 oz / 30 g di foglie di menta, tritate finemente

2 cucchiai di semi di melograno essiccati

50 g di yogurt

1 cucchiaino di pepe nero macinato

succo di 1 limone

Chaat Masala*test

Metodo

- Mescolare sale, pasta di zenzero, pasta d'aglio e garam masala. Incidere le bacchette e marinarle con questa miscela per 1 ora.

- Macina il resto degli ingredienti tranne il chaat masala.

- Mescolare il composto tritato con il pollo e lasciare riposare per 4 ore.

- Grigliare il pollo per 30 minuti. Cospargere con chaat masala. Assistere.

pollo al BURRO

per 4 persone

ingredienti

1 kg di pollo, tagliato in 12 pezzi

Sale a piacere

1 cucchiaino di curcuma

succo di 1 limone

4 cucchiai di burro

3 cipolle grandi, tritate finemente

1 cucchiaino di pasta di zenzero

1 cucchiaino di pasta all'aglio

1 cucchiaio di coriandolo macinato

4 pomodori grandi, schiacciati

125 g di yogurt

Metodo

- Marinare il pollo con il sale, la curcuma e il succo di limone per un'ora.

- Scaldare il burro in una casseruola. Aggiungere le cipolle e soffriggere fino a renderle traslucide.

- Aggiungere la pasta di zenzero, la pasta d'aglio e il coriandolo macinato. Friggere a fuoco medio per 5 minuti.

- Aggiungere il pollo marinato. Friggere per 5 minuti. Aggiungere la passata di pomodoro e lo yogurt. Coprite con un coperchio e fate cuocere a fuoco basso per 35 minuti. Servire caldo.

pollo sukha

(pollo essiccato)

per 4 persone

ingredienti

2 cucchiai di olio vegetale raffinato

4 cipolle grandi, tritate finemente

1 kg di pollo, tagliato in 12 pezzi

4 pomodori, tritati finemente

1 cucchiaino di curcuma

2 peperoncini verdi, affettati

8 spicchi d'aglio, schiacciati

5 cm / 2 pollici di radice di zenzero, grattugiata

2 cucchiai di garam masala

2 dadi di brodo di pollo

Sale a piacere

50 g di foglie di coriandolo, tritate

Metodo

- Scaldare l'olio in una casseruola. Soffriggere le cipolle a fuoco medio fino a doratura. Aggiungere il resto degli ingredienti, tranne le foglie di coriandolo.

- Mescolare bene e cuocere a fuoco basso per 40 minuti, mescolando di tanto in tanto.

- Guarnire con le foglie di coriandolo. Servire caldo.

pollo arrosto indiano

per 4 persone

ingredienti

1 kg di pollo

1 cucchiaio di succo di limone

Sale a piacere

2 cipolle grandi

Radice di zenzero da 2,5 cm / 1 pollice

4 spicchi d'aglio

3 denti

3 baccelli di cardamomo verde

5 cm / 2 pollici di cannella

4 cucchiai di olio vegetale raffinato

Pangrattato da 200 g / 7 once

2 mele tritate

4 uova sode, tritate

Metodo

- Marinare il pollo con succo di limone e sale per 1 ora.

- Macina le cipolle, lo zenzero, l'aglio, i chiodi di garofano, il cardamomo e la cannella con abbastanza acqua da formare una pasta liscia.

- Scaldare l'olio in una casseruola. Aggiungere la pasta e saltare a fuoco basso per 7 minuti. Aggiungere il pangrattato, le mele e il sale. Cuocere 3-4 minuti.

- Farcire il pollo con questo composto e arrostire in forno a 230°C (450°F, Gas Mark 8) per 40 minuti. Decorare con le uova. Servire caldo.

marmellata piccante

per 4 persone

ingredienti

3 cucchiai di olio vegetale raffinato

750 g / 1 lb 10 oz di salsiccia di pollo, a fette

4 peperoni verdi, tagliati a julienne

1 cucchiaino di peperoncino in polvere

2 cucchiaini di cumino macinato

10 spicchi d'aglio tritati finemente

3 pomodori, tagliati in quattro

4 cucchiai di acqua fredda

½ cucchiaino di pepe macinato fresco

Sale a piacere

4 uova, leggermente sbattute

Metodo

- Scaldare l'olio in una casseruola. Aggiungere le salsicce e rosolare a fuoco medio fino a doratura. Aggiungere tutti gli altri ingredienti tranne le uova. Mescolare bene. Cuocere a fuoco basso per 8-10 minuti.

- Aggiungere con attenzione le uova e mescolare fino a quando le uova sono appena impostate. Servire caldo.

Pollo al curry con cocco essiccato

per 4 persone

ingredienti

1 kg di pollo, tagliato in 12 pezzi

Sale a piacere

il succo di mezzo limone

1 cipolla grande, affettata

4 cucchiai di cocco grattugiato

1 cucchiaino di curcuma

8 spicchi d'aglio

Radice di zenzero da 2,5 cm / 1 pollice

½ cucchiaino di semi di finocchio

1 cucchiaino di garam masala

1 cucchiaino di semi di papavero

4 cucchiai di olio vegetale raffinato

500 ml / 16 fl oz di acqua

Metodo

- Marinare il pollo con sale e succo di limone per 30 minuti.

- Arrostire a secco la cipolla e il cocco per 5 minuti.

- Mescolare con tutti gli altri ingredienti tranne olio e acqua. Mescolare con acqua sufficiente per formare una pasta liscia.

- Scaldare l'olio in una casseruola. Aggiungere la pasta e saltare a fuoco basso per 7-8 minuti. Aggiungere il pollo e l'acqua. Cuocere a fuoco basso per 40 minuti. Servire caldo.

semplice pollo

per 4 persone

ingredienti

1 kg di pollo, tagliato in 8 pezzi

Sale a piacere

1 cucchiaino di peperoncino in polvere

½ cucchiaino di curcuma

3 cucchiai di olio vegetale raffinato

2 cipolle grandi, affettate sottilmente

1 cucchiaino di pasta di zenzero

1 cucchiaino di pasta all'aglio

4-5 peperoni rossi interi, senza semi

4 pomodorini, tritati finemente

1 cucchiaio di garam masala

250 ml/8 fl oz di acqua

Metodo

- Marinare il pollo con il sale, il peperoncino in polvere e la curcuma per 1 ora.

- Scaldare l'olio in una casseruola. Aggiungere le cipolle e soffriggere a fuoco medio fino a doratura. Aggiungere la pasta di zenzero e la pasta d'aglio. Friggere per 1 minuto.

- Aggiungere il pollo marinato e il resto degli ingredienti. Mescolare bene. Coprite con un coperchio e fate cuocere a fuoco basso per 40 minuti. Servire caldo.

pollo al curry del sud

per 4 persone

ingredienti

1 cucchiaino di pasta di zenzero

1 cucchiaino di pasta all'aglio

2 peperoncini verdi tritati finemente

1 cucchiaino di succo di limone

Sale a piacere

1 kg di pollo, tagliato in 10 pezzi

3 cucchiai di olio vegetale raffinato

Cannella da 2,5 cm / 1 pollice

3 baccelli di cardamomo verde

3 denti

1 anice stellato

2 foglie di alloro

3 cipolle grandi, tritate finemente

½ cucchiaino di peperoncino in polvere

½ cucchiaino di curcuma

1 cucchiaio di coriandolo macinato

250 ml di latte di cocco

Per il condimento:

½ cucchiaino di semi di senape

8 foglie di curry

3 peperoncini rossi secchi interi

Metodo

- Unire pasta di zenzero, pasta d'aglio, peperoncini verdi, succo di limone e sale. Marinare il pollo con questa miscela per 30 minuti.

- Scaldare metà dell'olio in una casseruola. Aggiungere la cannella, il cardamomo, i chiodi di garofano, l'anice stellato e le foglie di alloro. Lasciali sfrigolare per 30 secondi.

- Aggiungere le cipolle e soffriggere a fuoco medio fino a doratura.

- Aggiungere il pollo marinato, il peperoncino in polvere, la curcuma e il coriandolo macinato. Mescolare bene e coprire con un coperchio. Cuocere a fuoco basso per 20 minuti.

- Aggiungere il latte di cocco. Mescolare bene e cuocere per altri 10 minuti, mescolando spesso. Vattene oltre.

- Scaldare l'olio rimanente in una piccola casseruola. Aggiungere gli ingredienti del condimento. Lasciali sfrigolare per 30 secondi.

- Versa questo condimento nel pollo al curry. Mescolare bene e servire ben caldo.

Stufato di pollo al latte di cocco

per 4 persone

ingredienti

2 cucchiai di olio vegetale raffinato

2 cipolle, tagliate in 8 pezzi ciascuna

1 cucchiaino di pasta di zenzero

1 cucchiaino di pasta all'aglio

3 peperoncini verdi, tagliati longitudinalmente

2 cucchiai di garam masala

8 cosce di pollo

750ml / 1¼ pinta di latte di cocco

200 g / 7 oz verdure miste surgelate

Sale a piacere

2 cucchiaini di farina di riso, sciolti in 120 ml di acqua

Metodo

- Scaldare l'olio in una casseruola. Aggiungere le cipolle, la pasta di zenzero, la pasta d'aglio, i peperoncini verdi e il garam masala. Rosolare per 5 minuti, mescolando continuamente.

- Aggiungi le bacchette e il latte di cocco. Mescolare bene. Cuocere a fuoco basso per 20 minuti.

- Aggiungere le verdure e il sale. Mescolare bene e cuocere per 15 minuti.

- Aggiungere la miscela di farina di riso. Cuocere a fuoco lento da 5 a 10 minuti e servire caldo.

Chandi Tikka

(Pezzi di pollo fritto ricoperti di farina d'avena)

  per 4 persone

ingredienti

  1 cucchiaio di succo di limone

  1 cucchiaino di pasta di zenzero

  1 cucchiaino di pasta all'aglio

  2½ once / 75 g di formaggio cheddar

  Yogurt da 200 g / 7 once

  ¾ cucchiaino di pepe bianco macinato

  1 cucchiaino di semi di cumino nero

  Sale a piacere

  4 petti di pollo

  1 uovo sbattuto

  45 g di avena

Metodo

- Unire tutti gli ingredienti tranne i petti di pollo, l'uovo e i fiocchi d'avena. Marinare il pollo con questa miscela per 3-4 ore.

- Immergi i petti di pollo marinati nell'uovo, aggiungi i fiocchi d'avena e griglia per un'ora, girando di tanto in tanto. Servire caldo.

pollo tandoori

per 4 persone

ingredienti

1 cucchiaio di succo di limone

2 cucchiaini di pasta di zenzero

2 cucchiaini di pasta d'aglio

2 peperoncini verdi grattugiati finemente

1 cucchiaio di foglie di coriandolo macinate

1 cucchiaino di peperoncino in polvere

1 cucchiaio di garam masala

1 cucchiaio di papaya cruda macinata

½ cucchiaino di colorante alimentare all'arancia

1 cucchiaio e mezzo di olio vegetale raffinato

Sale a piacere

1 kg di pollo intero

Metodo

- Mescolare tutti gli ingredienti tranne il pollo. Fai delle incisioni nel pollo e marinalo con questa miscela per 6-8 ore.

- Arrostire il pollo in forno a 200°C (400°F, Gas Mark 6) per 40 minuti. Servire caldo.

Murgh Lajawab

(Pollo cucinato con ricche spezie indiane)

per 4 persone

ingredienti

1 kg di pollo tagliato in 8 pezzi 1 cucchiaino di pasta di zenzero

1 cucchiaino di pasta all'aglio

4 cucchiai di burro chiarificato

2 cucchiaini di semi di papavero, macinati

1 cucchiaino di semi di melone*, terra

6 mandorle

3 baccelli di cardamomo verde

¼ di cucchiaino di noce moscata macinata

1 cucchiaino di garam masala

2 pezzi di mazza

Sale a piacere

750ml / 1¼ pinta di latte

6 fili di zafferano

Metodo

- Marinare il pollo con la pasta allo zenzero e la pasta all'aglio per un'ora.

- Scaldare il burro chiarificato in una casseruola e friggere il pollo marinato per 10 minuti a fuoco medio.

- Aggiungere tutti gli altri ingredienti tranne il latte e lo zafferano. Mescolare bene, coprire con un coperchio e cuocere a fuoco lento per 20 minuti.

- Aggiungere il latte e lo zafferano e cuocere a fuoco lento per 10 minuti. Servire caldo.

Pollo Lahori

(pollo stile frontiera nord-occidentale)

per 4 persone

ingredienti

50 g di yogurt

1 cucchiaino di pasta di zenzero

1 cucchiaino di pasta all'aglio

1 cucchiaino di peperoncino in polvere

½ cucchiaino di curcuma

1 kg di pollo, tagliato in 12 pezzi

4 cucchiai di olio vegetale raffinato

2 cipolle grandi, tritate finemente

1 cucchiaino di semi di sesamo, macinati

1 cucchiaino di semi di papavero, macinati

10 anacardi, macinati

2 peperoni verdi grandi, privati dei semi e tritati finemente

Latte di cocco da 500 ml / 16 fl oz

Sale a piacere

Metodo

- Mescolare yogurt, pasta di zenzero, pasta d'aglio, peperoncino in polvere e curcuma. Marinare il pollo con questa miscela per 1 ora.

- Scaldare l'olio in una casseruola. Soffriggere le cipolle a fuoco basso fino a doratura.

- Aggiungere il pollo marinato. Friggere per 7-8 minuti. Aggiungere tutti gli altri ingredienti e cuocere per 30 minuti, mescolando di tanto in tanto. Servire caldo.

Fegato di pollo

per 4 persone

ingredienti

3 cucchiai di olio vegetale raffinato

2 cipolle grandi, affettate sottilmente

5 spicchi d'aglio tritati

8 fegatini di pollo

1 cucchiaino di pepe nero macinato

1 cucchiaino di succo di limone

Sale a piacere

Metodo

- Scaldare l'olio in una casseruola. Aggiungi cipolle e aglio. Friggere a fuoco medio per 3-4 minuti.

- Aggiungi tutti gli ingredienti rimanenti. Soffriggere per 15-20 minuti, mescolando di tanto in tanto. Servire caldo.

pollo baltico

per 4 persone

ingredienti

4 cucchiai di burro chiarificato

1 cucchiaino di curcuma

1 cucchiaio di semi di senape

1 cucchiaio di semi di cumino

8 spicchi d'aglio tritati finemente

Radice di zenzero da 2,5 cm / 1 pollice, tritata finemente

3 cipolle piccole, tritate finemente

7 peperoni verdi

750 g di petto di pollo, tritato

1 cucchiaio di coriandolo macinato

1 cucchiaio di panna

1 cucchiaino di garam masala

Sale a piacere

Metodo

- Riscaldare il burro chiarificato in una casseruola. Aggiungere la curcuma, i semi di senape e i semi di cumino. Lasciali sfrigolare per 30 secondi. Aggiungere l'aglio, lo zenzero, la cipolla e i peperoncini verdi e rosolare a fuoco medio per 2-3 minuti.

- Aggiungi tutti gli ingredienti rimanenti. Cuocere a fuoco basso per 30 minuti, mescolando di tanto in tanto. Servire caldo.

pollo piccante

per 4 persone

ingredienti

8 cosce di pollo

2 cucchiaini di salsa di peperoncino verde

2 cucchiai di olio vegetale raffinato

2 cipolle grandi, affettate sottilmente

10 spicchi d'aglio tritati finemente

Sale a piacere

un pizzico di zucchero

2 cucchiaini di aceto di malto

Metodo

- Marinare il pollo con la salsa chili per 30 minuti.

- Scaldare l'olio in una casseruola. Aggiungere le cipolle e soffriggere a fuoco medio finché non diventano traslucide.

- Aggiungere l'aglio, il pollo marinato e il sale. Mescolare bene e cuocere a fuoco basso per 30 minuti, mescolando di tanto in tanto.

- Aggiungere lo zucchero e l'aceto. Mescolare bene e servire ben caldo.

Dilruba Di Pollo

(Pollo in salsa ricca)

per 4 persone

ingredienti

5 cucchiai di olio vegetale raffinato

20 mandorle tritate

20 anacardi, macinati

2 cipolle piccole, tritate

5 cm / 2 pollici di radice di zenzero, grattugiata

1 kg di pollo, tagliato in 8 pezzi

Yogurt da 200 g / 7 once

240 ml di latte

1 cucchiaino di garam masala

½ cucchiaino di curcuma

1 cucchiaino di peperoncino in polvere

Sale a piacere

1 pizzico di zafferano ammollato in 1 cucchiaio di latte

2 cucchiai di foglie di coriandolo tritate

Metodo

- Scaldare l'olio in una casseruola. Aggiungere le mandorle, gli anacardi, le cipolle e lo zenzero. Friggere a fuoco medio per 3 minuti.

- Aggiungere il pollo e lo yogurt. Mescolare bene e cuocere a fuoco medio per 20 minuti.

- Aggiungere il latte, il garam masala, la curcuma, il peperoncino in polvere e il sale. Mescolare bene. Coprire con un coperchio e cuocere a fuoco lento per 20 minuti.

- Guarnire con foglie di zafferano e coriandolo. Servire caldo.

ali di pollo fritte

per 4 persone

ingredienti

¼ cucchiaino di curcuma

1 cucchiaino di garam masala

1 cucchiaino di chaat masala*

Sale a piacere

1 uovo sbattuto

Olio vegetale raffinato per friggere

12 ali di pollo

Metodo

- Mescolare la curcuma, il garam masala, il chaat masala, il sale e l'uovo per ottenere una pasta liscia.

- Scaldare l'olio in una padella. Immergi le ali di pollo nella pastella e friggi a fuoco medio fino a doratura.

- Scolare su carta assorbente e servire caldo.

murgh moussalam

(pollo ripieno)

per 6

ingredienti

2 cucchiai di burro chiarificato

2 cipolle grandi, grattugiate

4 baccelli di cardamomo neri, macinati

1 cucchiaino di semi di papavero

50 g / 1¾ oz di cocco grattugiato

1 cucchiaino di macis

1 kg di pollo

4-5 cucchiai di fagioli*

2-3 foglie di alloro

6-7 baccelli di cardamomo verde

3 cucchiaini di pasta d'aglio

Yogurt da 200 g / 7 once

Sale a piacere

Metodo

- Scaldare ½ cucchiaio di burro chiarificato in una padella. Aggiungere le cipolle e soffriggere fino a doratura.

- Aggiungi cardamomo, semi di papavero, cocco e macis. Friggere per 3 minuti.

- Riempire il pollo con questo composto e cucire l'apertura. Vattene oltre.

- Riscaldare il burro chiarificato rimanente in una padella. Aggiungere tutti gli altri ingredienti e il pollo. Cuocere a fuoco basso per 1 ora e mezza, mescolando di tanto in tanto. Servire caldo.

delizia di pollo

per 4 persone

ingredienti

4 cucchiai di olio vegetale raffinato

5 cm di cannella in polvere

1 cucchiaio di cardamomo in polvere

8 chiodi di garofano macinati

½ cucchiaino di noce moscata grattugiata

2 cipolle grandi, tritate

10 spicchi d'aglio, schiacciati

Radice di zenzero da 2,5 cm / 1 pollice, grattugiata

Sale a piacere

1 kg di pollo, tagliato in 8 pezzi

Yogurt da 200 g / 7 once

300 g / 10 once di passata di pomodoro

Metodo

- Scaldare l'olio in una casseruola. Aggiungere cannella, cardamomo, chiodi di garofano, noce moscata, cipolla, aglio e zenzero. Friggere a fuoco medio per 5 minuti.

- Aggiungere il sale, il pollo, lo yogurt e la passata di pomodoro. Mescolare bene e cuocere a fuoco basso per 40 minuti, mescolando spesso. Servire caldo.

pollo sporco

(Pollo e patatine)

per 4 persone

ingredienti

Sale a piacere

1 cucchiaino di pasta di zenzero

1 cucchiaino di pasta all'aglio

1 kg di pollo tritato

3 cucchiai di olio vegetale raffinato

2 cipolle grandi, tritate finemente

1 cucchiaino di zucchero

4 pomodori, purè

1 cucchiaino di curcuma

250 g / 9 once di patatine salate al naturale

Metodo

- Mescolare sale, pasta di zenzero e pasta d'aglio. Marinare il pollo con questa miscela per 1 ora. Vattene oltre.

- Scaldare l'olio in una casseruola. Soffriggere le cipolle a fuoco basso fino a doratura.

- Aggiungere il pollo marinato e lo zucchero, la passata di pomodoro e la curcuma. Coprite con un coperchio e fate cuocere a fuoco basso per 40 minuti, mescolando spesso.

- Cospargere con le patatine fritte e servire caldo.

tikka di pollo fritto

per 4 persone

ingredienti

1 kg di pollo disossato, tritato

1 litro / 1¾ pinta di latte

1 cucchiaino di zafferano

8 baccelli di cardamomo verde

5 denti

Cannella da 2,5 cm / 1 pollice

2 foglie di alloro

250 g di riso basmati

4 cucchiaini di semi di finocchio

Sale a piacere

150 g di yogurt

Olio vegetale raffinato per friggere

Metodo

- Mescolare il pollo con il latte, lo zafferano, il cardamomo, i chiodi di garofano, la cannella e le foglie di alloro. Cuocere in una casseruola a fuoco basso per 50 minuti. Vattene oltre.

- Macinare il riso con i semi di finocchio, sale e acqua quanto basta per formare una pasta fine. Aggiungere questa pasta allo yogurt e sbattere bene.

- Scaldare l'olio in una padella. Immergi i pezzi di pollo nella miscela di yogurt e rosolali a fuoco medio fino a doratura. Servire caldo.

Pollo alla ricerca

per 4 persone

ingredienti

500 g / 1 lb 2 oz di pollo, tritato

10 spicchi d'aglio tritati

Radice di zenzero da 5 cm / 2 pollici, tagliata a julienne

2 peperoncini verdi tritati finemente

½ cucchiaino di semi di cumino nero

Sale a piacere

Metodo

- Mescolare la carne macinata con tutti gli ingredienti e impastare fino a ottenere un impasto liscio. Dividi questo composto in 8 parti uguali.

- Bucherellare e cuocere sulla griglia per 10 minuti.

- Servire caldo con chutney di menta

Nadan Kozhikari

(pollo con finocchio e latte di cocco)

per 4 persone

ingredienti

½ cucchiaino di curcuma

2 cucchiaini di pasta di zenzero

Sale a piacere

1 kg di pollo, tagliato in 8 pezzi

1 cucchiaio di semi di coriandolo

3 peperoni rossi

1 cucchiaino di semi di finocchio

1 cucchiaino di semi di senape

3 cipolle grandi

3 cucchiai di olio vegetale raffinato

750ml / 1¼ pinta di latte di cocco

250 ml/8 fl oz di acqua

10 foglie di curry

Metodo

- Mescolare la curcuma, la pasta di zenzero e il sale per 1 ora. Marinare il pollo con questa miscela per 1 ora.

- Semi di coriandolo tostati a secco, peperoncini rossi, semi di finocchio e semi di senape. Mescolare con le cipolle e macinare fino a che liscio.

- Scaldare l'olio in una casseruola. Aggiungere la pasta di cipolle e rosolare a fuoco basso per 7 minuti. Aggiungere il pollo marinato, il latte di cocco e l'acqua. Cuocere a fuoco basso per 40 minuti. Servire guarnendo con foglie di curry.

pollo di mamma

per 4 persone

ingredienti

3 cucchiai di olio vegetale raffinato

5 cm / 2 pollici di cannella

2 baccelli di cardamomo verde

4 denti

4 cipolle grandi, tritate finemente

Radice di zenzero da 2,5 cm / 1 pollice, grattugiata

8 spicchi d'aglio, schiacciati

3 pomodori grandi, tritati finemente

2 cucchiaini di coriandolo macinato

1 cucchiaino di curcuma

Sale a piacere

1 kg di pollo, tagliato in 12 pezzi

500 ml / 16 fl oz di acqua

Metodo

- Scaldare l'olio in una casseruola. Aggiungere cannella, cardamomo e chiodi di garofano. Lasciali sfrigolare per 15 secondi.
- Aggiungere la cipolla, lo zenzero e l'aglio. Rosolare a fuoco medio per 2 minuti.
- Aggiungere il resto degli ingredienti, tranne l'acqua. Friggere per 5 minuti.
- Versare l'acqua. Mescolare bene e cuocere a fuoco basso per 40 minuti. Servire caldo.

Methi di pollo

(pollo cotto con foglie di fieno greco)

per 4 persone

ingredienti

1 cucchiaino di pasta di zenzero

2 cucchiaini di pasta d'aglio

2 cucchiaini di coriandolo macinato

½ cucchiaino di chiodi di garofano macinati

succo di 1 limone

1 kg di pollo, tagliato in 8 pezzi

4 cucchiaini di burro

1 cucchiaino di zenzero essiccato in polvere

2 cucchiai di foglie di fieno greco essiccate

50 g di foglie di coriandolo, tritate

¼ oz / 10 g di foglie di menta, tritate finemente

Sale a piacere

Metodo

- Mescolare pasta di zenzero, pasta d'aglio, coriandolo macinato, chiodi di garofano e metà del succo di limone. Marinare il pollo con questa miscela per 2 ore.
- Cuocere a 200°C (400°F, Gas Mark 6) per 50 minuti. Vattene oltre.
- Scaldare il burro in una casseruola. Aggiungere il pollo arrosto e tutti gli altri ingredienti. Mescolare bene. Cuocere 5-6 minuti e servire caldo.

Cosce di pollo piccanti

per 4 persone

ingredienti

8-10 cosce di pollo, bucherellate con una forchetta

2 uova sbattute

100 g di semolino

Olio vegetale raffinato per friggere

Per il mix di spezie:

6 peperoni rossi

6 spicchi d'aglio

Radice di zenzero da 2,5 cm / 1 pollice

1 cucchiaio di foglie di coriandolo tritate

6 denti

15 grani di pepe nero

Sale a piacere

4 cucchiai di aceto di malto

Metodo

- Macina gli ingredienti della miscela di spezie in una pasta liscia. Marinare le bacchette con questa pasta per un'ora.
- Scaldare l'olio in una padella. Immergi le cosce nell'uovo, arrotolale nel semolino e friggi a fuoco medio fino a doratura. Servire caldo.

Pollo al curry di Dieter

per 4 persone

ingredienti

1 cucchiaino di pasta di zenzero

1 cucchiaino di pasta all'aglio

Yogurt da 200 g / 7 once

1 cucchiaino di peperoncino in polvere

½ cucchiaino di curcuma

2 pomodori, tritati finemente

1 cucchiaino di coriandolo macinato

1 cucchiaino di cumino macinato

1 cucchiaino di foglie di fieno greco essiccate, tritate

2 cucchiaini di garam masala

1 cucchiaino di sottaceti al mango

Sale a piacere

750 g / 1 lb 10 oz di pollo, tritato

Metodo

- Mescolare tutti gli ingredienti tranne il pollo. Marinare il pollo con questa miscela per 3 ore.
- Cuocere il composto in una pentola di terracotta o casseruola a fuoco basso per 40 minuti. Aggiungere acqua se necessario. Servire caldo.

pollo celeste

per 4 persone

ingredienti

4 cucchiai di olio vegetale raffinato

1 kg di pollo, tagliato in 8 pezzi

Sale a piacere

1 cucchiaino di pepe

1 cucchiaino di curcuma

6 cipollotti, tritati finemente

250 ml/8 fl oz di acqua

Per il mix di spezie:

1½ cucchiaino di pasta di zenzero

1½ cucchiaini di pasta d'aglio

3 peperoni verdi, privati dei semi e affettati

2 peperoni verdi

½ noce di cocco fresca, grattugiata

2 pomodori, tritati finemente

Metodo

- Macina gli ingredienti della miscela di spezie in una pasta liscia.
- Scaldare l'olio in una casseruola. Aggiungere la pasta e saltare a fuoco basso per 7 minuti. Aggiungere il resto degli ingredienti, tranne l'acqua. Friggere per 5 minuti. Aggiungere acqua. Mescolare bene e cuocere a fuoco basso per 40 minuti. Servire caldo.

Rizala di pollo

per 4 persone

ingredienti

6 cucchiai di olio vegetale raffinato

2 cipolle grandi, tagliate nel senso della lunghezza

1 cucchiaino di pasta di zenzero

1 cucchiaino di pasta all'aglio

2 cucchiai di semi di papavero, macinati

1 cucchiaio di coriandolo macinato

2 peperoni verdi grandi, tagliati a julienne

360 ml/12 fl oz di acqua

1 kg di pollo, tagliato in 8 pezzi

6 baccelli di cardamomo verde

5 denti

Yogurt da 200 g / 7 once

1 cucchiaino di garam masala

succo di 1 limone

Sale a piacere

Metodo

- Scaldare l'olio in una casseruola. Aggiungere le cipolle, la pasta di zenzero, la pasta d'aglio, i semi di papavero e il coriandolo macinato. Rosolare a fuoco basso per 2 minuti.
- Aggiungere tutti gli altri ingredienti e mescolare bene. Coprite con un coperchio e fate cuocere a fuoco basso per 40 minuti, mescolando di tanto in tanto. Servire caldo.

pollo sorpreso

per 4 persone

ingredienti

150 g di foglie di coriandolo, tritate

10 spicchi d'aglio

Radice di zenzero da 2,5 cm / 1 pollice

1 cucchiaino di garam masala

1 cucchiaio di pasta di tamarindo

2 cucchiaini di semi di cumino

1 cucchiaino di curcuma

4 cucchiai d'acqua

Sale a piacere

1 kg di pollo, tagliato in 8 pezzi

Olio vegetale raffinato per friggere

2 uova sbattute

Metodo

- Macina tutti gli ingredienti tranne pollo, olio e uova in una pasta liscia. Marinare il pollo con questa pasta per 2 ore.
- Scaldare l'olio in una padella. Immergere ogni pezzo di pollo nelle uova e rosolare a fuoco medio fino a doratura. Servire caldo.

Pollo al formaggio

per 4 persone

ingredienti

12 cosce di pollo

4 cucchiai di burro

1 cucchiaino di pasta di zenzero

1 cucchiaino di pasta all'aglio

2 cipolle grandi, tritate finemente

1 cucchiaino di garam masala

Sale a piacere

Yogurt da 200 g / 7 once

Per il sottaceto:

1 cucchiaino di pasta di zenzero

1 cucchiaino di pasta all'aglio

1 cucchiaio di succo di limone

¼ di cucchiaino di garam masala

4 cucchiai di panna

4 cucchiai di formaggio cheddar grattugiato

Sale a piacere

Metodo

- Bucherellare le bacchette dappertutto con una forchetta. Mescolare tutti gli ingredienti della marinata. Marinare le bacchette con questa miscela per 8-10 ore.
- Scaldare il burro in una casseruola. Aggiungere la pasta di zenzero e la pasta d'aglio. Friggere a fuoco medio per 1-2 minuti. Aggiungere tutti gli altri ingredienti tranne lo yogurt. Friggere per 5 minuti.
- Aggiungere le bacchette e lo yogurt. Cuocere a fuoco basso per 40 minuti. Servire caldo.

Korma di manzo

(Manzo cotto in salsa piccante)

per 4 persone

ingredienti

4 cucchiai di olio vegetale raffinato

2 cipolle grandi, tritate finemente

1½ libbre / 675 g di manzo, tagliato in pezzi da 1 "/ 2,5 cm

360 ml/12 fl oz di acqua

½ cucchiaino di cannella in polvere

120 ml di panna liquida

125 g di yogurt

1 cucchiaino di garam masala

Sale a piacere

10 g di foglie di coriandolo tritate finemente

Per il mix di spezie:

1½ cucchiaio di semi di coriandolo

¾ cucchiaio di semi di cumino

3 baccelli di cardamomo verde

4 grani di pepe nero

6 denti

Radice di zenzero da 2,5 cm / 1 pollice

10 spicchi d'aglio

15 mandorle

Metodo

- Unire tutti gli ingredienti per il mix di spezie e macinarli con acqua sufficiente per formare una pasta liscia. Vattene oltre.
- Scaldare l'olio in una casseruola. Aggiungere le cipolle e soffriggere a fuoco medio fino a doratura.
- Aggiungere la pasta di spezie miste e la carne. Friggere per 2-3 minuti. Aggiungere acqua. Mescolare bene e cuocere a fuoco basso per 45 minuti.
- Aggiungere la cannella in polvere, la panna, lo yogurt, il garam masala e il sale. Mescolare bene per 3-4 minuti.
- Guarnire il korma di manzo con le foglie di coriandolo. Servire caldo.

Dhal Khema

(tritare con lenticchie)

per 4 persone

ingredienti

675 g / 1½ lb di agnello, tritato

1 cucchiaino di pasta di zenzero

1 cucchiaino di pasta all'aglio

3 cipolle grandi, tritate finemente

360 ml/12 fl oz di acqua

Sale a piacere

600g/1lb 5oz chana dhal*, immerso in 250 ml / 8 fl oz di acqua per 30 minuti

½ cucchiaino di pasta di tamarindo

Olio vegetale raffinato da 60 ml / 2 fl oz

4 denti

Cannella da 2,5 cm / 1 pollice

2 baccelli di cardamomo verde

4 grani di pepe nero

10 g di foglie di coriandolo tritate finemente

Per il mix di spezie:

2 cucchiaini di semi di coriandolo

3 peperoni rossi

½ cucchiaino di curcuma

¼ cucchiaino di semi di cumino

25 g / solo 1 oz di cocco fresco grattugiato

1 cucchiaino di semi di papavero

Metodo

- Arrostire a secco tutti gli ingredienti per la spezia si fondono insieme. Macina questa miscela con abbastanza acqua per formare una pasta liscia. Vattene oltre.
- Mescolare l'agnello macinato con la pasta di zenzero, la pasta d'aglio, metà delle cipolle, l'acqua rimanente e il sale. Cuocere in una casseruola a fuoco medio per 40 minuti.
- Aggiungi il chana dhal con l'acqua in cui è stato immerso. Mescolare bene. Cuocere a fuoco basso per 10 minuti.
- Aggiungere la pasta di spezie miste e la pasta di tamarindo. Coprire con un coperchio e cuocere a fuoco lento per 10 minuti, mescolando di tanto in tanto. Vattene oltre.
- Scaldare l'olio in una padella. Aggiungere le cipolle rimanenti e soffriggere a fuoco medio fino a doratura.
- Aggiungere i chiodi di garofano, la cannella, il cardamomo e i grani di pepe. Friggere per un minuto.

- Togliere dal fuoco e versare direttamente sopra la miscela di hash e dhal. Mescolare bene per un minuto.
- Guarnire il dhal kheema con le foglie di coriandolo. Servire caldo.

Maiale al Curry

per 4 persone

ingredienti

500 g / 1 lb 2 oz di maiale, tagliato in pezzi da 2,5 cm / 1 pollice

1 cucchiaio di aceto di malto

6 foglie di curry

Cannella da 2,5 cm / 1 pollice

3 denti

500 ml / 16 fl oz di acqua

Sale a piacere

2 patate grandi, tagliate a cubetti

3 cucchiai di olio vegetale raffinato

1 cucchiaino di garam masala

Per il mix di spezie:

1 cucchiaio di semi di coriandolo

1 cucchiaino di semi di cumino

6 grani di pepe nero

½ cucchiaino di curcuma

4 peperoni rossi

2 cipolle grandi, tritate finemente

Radice di zenzero da 2,5 cm / 1 pollice, affettata

10 spicchi d'aglio, affettati

½ cucchiaino di pasta di tamarindo

Metodo

- Unire tutti gli ingredienti per il mix di spezie. Mescolare con acqua sufficiente per formare una pasta liscia. Vattene oltre.
- Mescolare la carne di maiale con aceto, foglie di curry, cannella, chiodi di garofano, acqua e sale. Cuocere questa miscela in una casseruola a fuoco medio per 40 minuti.
- Aggiungi le patate. Mescolare bene e cuocere a fuoco basso per 10 minuti. Vattene oltre.
- Scaldare l'olio in una casseruola. Aggiungere la miscela di pasta di spezie e rosolare a fuoco medio per 3-4 minuti.
- Aggiungere il composto di maiale e il garam masala. Mescolare bene. Coprire con un coperchio e cuocere a fuoco lento per 10 minuti, mescolando di tanto in tanto.
- Servire caldo.

Shikampoore Kebab

(Spiedino di agnello)

per 4 persone

ingredienti

3 cipolle grandi

8 spicchi d'aglio

Radice di zenzero da 2,5 cm / 1 pollice

6 peperoncini rossi secchi

4 cucchiai di burro chiarificato più extra per friggere

1 cucchiaino di curcuma

1 cucchiaino di coriandolo macinato

½ cucchiaino di cumino macinato

10 mandorle tritate

10 pistacchi, macinati

1 cucchiaino di garam masala

pizzico di cannella in polvere

1 cucchiaio di chiodi di garofano macinati

1 cucchiaio di cardamomo verde macinato

2 cucchiai di latte di cocco

Sale a piacere

1 cucchiaio di bacio*

750 g / 1 lb 10 oz di agnello, tritato

Yogurt greco 200 g / 7 once

1 cucchiaio di foglie di menta tritate finemente

Metodo

- Mescolare le cipolle, l'aglio, lo zenzero e i peperoni.
- Macina questa miscela con abbastanza acqua per formare una pasta liscia.
- Riscaldare il burro chiarificato in una casseruola. Aggiungere questa pasta e friggere a fuoco medio per 1-2 minuti.
- Aggiungere la curcuma, il coriandolo macinato e il cumino macinato. Friggere per un minuto.
- Aggiungere le mandorle tritate, i pistacchi tritati, il garam masala, la cannella tritata, i chiodi di garofano tritati e il cardamomo. Continuare a friggere per 2-3 minuti.
- Aggiungere il latte di cocco e il sale. Mescolare bene. Mescolare per 5 minuti.
- Aggiungere i fagioli e la carne macinata. Mescolare bene. Cuocere a fuoco basso per 30 minuti, mescolando di tanto in tanto. Togliere dal fuoco e lasciare raffreddare per 10 minuti.
- Una volta che la miscela di hashish si è raffreddata, dividetela in 8 palline e appiattitele ciascuna in una cotoletta. Vattene oltre.

- Sbattete bene lo yogurt con le foglie di menta. Metti un cucchiaio abbondante di questa miscela al centro di ogni braciola appiattita. Sigillare come un sacchetto, arrotolare in una palla e appiattire di nuovo.
- Riscaldare il burro chiarificato in una casseruola. Aggiungere le costolette e rosolare a fuoco medio fino a doratura. Servire caldo.

agnello speciale

per 4 persone

ingredienti

5 cucchiai di burro chiarificato

4 cipolle grandi, affettate

2 pomodori, a fette

675 g di agnello, tagliato a pezzi da 3,5 cm

1 litro / 1¾ pinta di acqua

Sale a piacere

Per il mix di spezie:

10 spicchi d'aglio

3 peperoni verdi

Radice di zenzero da 3,5 cm / 1½ pollice

4 denti

Cannella da 2,5 cm / 1 pollice

1 cucchiaio di semi di papavero

1 cucchiaino di semi di cumino nero

1 cucchiaino di semi di cumino

2 baccelli di cardamomo verde

2 cucchiai di semi di coriandolo

7 grani di pepe

5 peperoncini rossi secchi

1 cucchiaino di curcuma

1 cucchiaio di chana dhal*

25 g / 1 oz di foglioline di menta

25 g / appena 1 oz di foglie di coriandolo

100 g di cocco fresco grattugiato

Metodo

- Unire tutti gli ingredienti per il mix di spezie e macinarli con acqua sufficiente per formare una pasta liscia. Vattene oltre.
- Riscaldare il burro chiarificato in una casseruola. Aggiungere le cipolle e soffriggere a fuoco medio fino a doratura.
- Aggiungere la pasta di spezie miste. Friggere per 3-4 minuti, mescolando di tanto in tanto.
- Aggiungere i pomodori e l'agnello. Friggere per 8-10 minuti. Aggiungere acqua e sale. Mescolare bene, coprire con un coperchio e cuocere a fuoco lento per 45 minuti, mescolando di tanto in tanto. Servire caldo.

Cotolette Di Masala Verdi

per 4 persone

ingredienti

Costolette di agnello da 750 g / 1 libbra 10 once

Sale a piacere

Olio vegetale raffinato da 360 ml / 12 fl oz

3 patate grandi, affettate

5 cm / 2 pollici di cannella

2 baccelli di cardamomo verde

4 denti

3 pomodori, tritati finemente

¼ cucchiaino di curcuma

120 ml di aceto

250 ml/8 fl oz di acqua

Per il mix di spezie:

3 cipolle grandi

Radice di zenzero da 2,5 cm / 1 pollice

10-12 spicchi d'aglio

¼ cucchiaino di semi di cumino

6 peperoncini verdi, tagliati longitudinalmente

1 cucchiaino di semi di coriandolo

1 cucchiaino di semi di cumino

50 g di foglie di coriandolo, tritate finemente

Metodo

- Marinare l'agnello con il sale per un'ora.
- Unire tutti gli ingredienti per il mix di spezie. Mescolare con acqua sufficiente per formare una pasta liscia. Vattene oltre.
- Scaldare metà dell'olio in una padella. Aggiungere le patate e rosolare a fuoco medio fino a doratura. Scolare e riservare.
- Scaldare l'olio rimanente in una casseruola. Aggiungere cannella, cardamomo e chiodi di garofano. Lasciateli sfrigolare per 20 secondi.
- Aggiungere la pasta di spezie miste. Friggerlo a fuoco medio per 3-4 minuti.
- Aggiungere i pomodori e la curcuma. Continua a friggere per 1-2 minuti.
- Aggiungere l'aceto e l'agnello marinato. Friggere per 6-7 minuti.
- Aggiungere l'acqua e mescolare bene. Coprite con un coperchio e fate cuocere a fuoco basso per 45 minuti, mescolando di tanto in tanto.
- Aggiungi patatine fritte. Cuocere 5 minuti, mescolando continuamente. Servire caldo.

kebab a strati

per 4 persone

ingredienti

Olio vegetale raffinato da 120 ml / 4 fl oz

100 g di pangrattato

Per lo strato bianco:

450 g di formaggio di capra, sgocciolato

1 patata grande, bollita

½ cucchiaino di sale

½ cucchiaino di pepe nero macinato

½ cucchiaino di peperoncino in polvere

il succo di mezzo limone

50 g di foglie di coriandolo, tritate

Per lo strato verde:

200 g / 7 once di spinaci

2 cucchiai di mung dhal*

1 cipolla grande, tritata finemente

Radice di zenzero da 2,5 cm / 1 pollice

4 denti

¼ cucchiaino di curcuma

1 cucchiaino di garam masala

Sale a piacere

250 ml/8 fl oz di acqua

2 cucchiai di bacio*

Per lo strato arancione:

1 uovo sbattuto

1 cipolla grande, tritata finemente

1 cucchiaio di succo di limone

¼ di cucchiaino di colorante alimentare arancione

Per lo strato di carne:

500 g di carne macinata

150 g / 5½ once dhal mung*, ammollato per 1 ora

Radice di zenzero da 5 cm / 2 pollici

6 spicchi d'aglio

6 denti

1 cucchiaio di cumino macinato

1 cucchiaio di peperoncino in polvere

10 grani di pepe nero

600 ml / 1 pinta d'acqua

Metodo

- Mescolare e impastare gli ingredienti per lo strato bianco con un po' di sale. Vattene oltre.

- Mescolare tutti gli ingredienti per lo strato verde tranne il besan. Cuocere in una casseruola a fuoco basso per 45 minuti. Mescolare con il besan e mettere da parte.
- Mescolare tutti gli ingredienti per lo strato di arancia con un po' di sale. Vattene oltre.
- Per lo strato di carne, mescolare tutti gli ingredienti con un po' di sale e cuocere in una casseruola a fuoco medio per 40 minuti. Lasciate raffreddare e tritate.
- Dividete il composto per ogni strato in 8 porzioni. Formate delle palline e picchiettatele delicatamente per formare delle cotolette. Metti 1 cotoletta da ogni strato sopra l'altro, in modo da avere otto polpette a 4 strati. Premere leggermente in spiedini di forma oblunga.
- Scaldare l'olio in una padella. Arrotolare gli spiedini nel pangrattato e friggere a fuoco medio fino a doratura. Servire caldo.

Campo Barrah

(Braciole d'agnello grigliate)

per 4 persone

ingredienti

1 cucchiaino di pasta di zenzero

1 cucchiaino di pasta all'aglio

3 cucchiai di aceto di malto

Costolette di agnello da 1½ libbre / 675 g

Yogurt greco 400 g / 14 once

1 cucchiaino di curcuma

4 peperoncini verdi, tritati finemente

½ cucchiaino di peperoncino in polvere

1 cucchiaino di coriandolo macinato

1 cucchiaino di cumino macinato

1 cucchiaino di cannella in polvere

¾ cucchiaino di chiodi di garofano macinati

Sale a piacere

1 cucchiaio di chaat masala*

Metodo

- Mescolare la pasta di zenzero e la pasta d'aglio con l'aceto. Marinare l'agnello con questa miscela per 2 ore.
- Unire tutti gli ingredienti rimanenti tranne il chaat masala. Marinare le costolette di agnello con questa miscela per 4 ore.
- Bucherellate le costolette e arrostitele in forno a 200°C (400°F, Gas Mark 6) per 40 minuti.
- Guarnire con chaat masala e servire caldo.

agnello marinato

per 4 persone

ingredienti

10 peperoncini rossi essiccati

10 spicchi d'aglio

Radice di zenzero da 3,5 cm / 1½ pollice

Sale a piacere

750ml / 1¼ pinta d'acqua

2 cucchiai di yogurt

675 g di agnello, tagliato in pezzi da 2,5 cm

Olio vegetale raffinato da 250 ml / 8 fl oz

1½ cucchiaino di curcuma

1 cucchiaio di semi di coriandolo

10 grani di pepe nero

3 baccelli di cardamomo neri

4 denti

3 foglie di alloro

1 cucchiaino di macis grattugiato

¼ cucchiaino di noce moscata grattugiata

1 cucchiaino di semi di cumino

½ cucchiaino di semi di senape

100 g di cocco grattugiato

½ cucchiaino di assafetida

succo di 1 limone

Metodo

- Mescolare peperoni rossi, aglio, zenzero e sale. Mescolare con acqua sufficiente per formare una pasta liscia.
- Mescolare questa pasta con lo yogurt. Marinare la carne con questa miscela per 1 ora.
- Scaldare metà dell'olio in una casseruola. Aggiungere la curcuma, i semi di coriandolo, i grani di pepe, il cardamomo, i chiodi di garofano, le foglie di alloro, il macis, la noce moscata, i semi di cumino, i semi di senape e il cocco. Friggere a fuoco medio per 2-3 minuti.
- Macinare il composto con acqua a sufficienza per formare una pasta densa.
- Aggiungere il resto dell'olio in una casseruola. Aggiungi l'assafetida. Lasciate sfrigolare per 10 secondi.
- Aggiungere la pasta di semi di curcuma e il coriandolo macinato. Friggere a fuoco medio per 3-4 minuti.
- Aggiungere l'agnello marinato e il resto dell'acqua. Mescolare bene. Coprite con un coperchio e fate cuocere a fuoco basso per 45 minuti. Lasciate raffreddare.

- Aggiungere il succo di limone e mescolare bene. Conservare il sottaceto di agnello in un contenitore ermetico.

Curry di agnello di Goa

per 4 persone

ingredienti

Olio vegetale raffinato da 240 ml / 6 fl oz

4 cipolle grandi, tritate finemente

1 cucchiaino di curcuma

4 pomodori, purè

675 g di agnello, tagliato in pezzi da 2,5 cm

4 patate grandi, a cubetti

600 ml / 1 pinta di latte di cocco

120 ml / 4 fl oz di acqua

Sale a piacere

Per il mix di spezie:

4 baccelli di cardamomo verde

5 cm / 2 pollici di cannella

6 grani di pepe nero

1 cucchiaino di semi di cumino

2 denti

6 peperoni rossi

1 anice stellato

50 g di foglie di coriandolo, tritate finemente

3 peperoni verdi

1 cucchiaino di pasta di zenzero

1 cucchiaino di pasta all'aglio

Metodo

- Per preparare la miscela di spezie, tostare a secco il cardamomo, la cannella, i grani di pepe, i semi di cumino, i chiodi di garofano, i peperoncini rossi e l'anice stellato per 3-4 minuti.
- Macina questa miscela con gli ingredienti della miscela di spezie rimanenti e abbastanza acqua per formare una pasta liscia. Vattene oltre.
- Scaldare l'olio in una casseruola. Aggiungere le cipolle e soffriggere a fuoco medio finché non diventano traslucide.
- Aggiungere la curcuma e la passata di pomodoro. Friggere per 2 minuti.
- Aggiungere la pasta di spezie miste. Continuare a friggere per 4-5 minuti.
- Aggiungere l'agnello e le patate. Friggere per 5-6 minuti.
- Aggiungere il latte di cocco, l'acqua e il sale. Mescolare bene. Coprite con un coperchio e fate cuocere il composto a fuoco basso per 45 minuti, mescolando di tanto in tanto. Servire caldo.

carne di bagara

(Carne cotta in una ricca salsa indiana)

per 4 persone

ingredienti

Olio vegetale raffinato da 120 ml / 4 fl oz

3 peperoni rossi

1 cucchiaino di semi di cumino

10 foglie di curry

2 cipolle grandi

½ cucchiaino di curcuma

1 cucchiaino di peperoncino in polvere

1 cucchiaino di coriandolo macinato

1 cucchiaino di pasta di tamarindo

1 cucchiaino di garam masala

500 g / 1 lb 2 oz di agnello, a dadini

Sale a piacere

500 ml / 16 fl oz di acqua

Per il mix di spezie:

2 cucchiai di semi di sesamo

2 cucchiai di cocco fresco grattugiato

2 cucchiai di arachidi

Radice di zenzero da 2,5 cm / 1 pollice

8 spicchi d'aglio

Metodo

- Mescolare gli ingredienti per il mix di spezie. Macina questa miscela con abbastanza acqua per formare una pasta liscia. Vattene oltre.
- Scaldare l'olio in una casseruola. Aggiungere i peperoni rossi, i semi di cumino e le foglie di curry. Lasciali sfrigolare per 15 secondi.
- Aggiungere le cipolle e il mix di spezie. Friggere a fuoco medio per 4-5 minuti.
- Aggiungere il resto degli ingredienti, tranne l'acqua. Friggere per 5-6 minuti.
- Aggiungere acqua. Mescolare bene. Coprite con un coperchio e fate cuocere a fuoco basso per 45 minuti. Servire caldo.

Fegato nel latte di cocco

per 4 persone

ingredienti

750 g / 1 lb 10 oz fegato, tagliato in pezzi da 2,5 cm / 1 pollice

½ cucchiaino di curcuma

Sale a piacere

500 ml / 16 fl oz di acqua

5 cucchiai di olio vegetale raffinato

3 cipolle grandi, tritate finemente

1 cucchiaio di zenzero tritato finemente

1 cucchiaio di spicchi d'aglio tritati finemente

6 peperoncini verdi, tagliati longitudinalmente

3 patate grandi, tagliate a pezzi di 2,5 cm

1 cucchiaio di aceto di malto

Latte di cocco da 500 ml / 16 fl oz

Per il mix di spezie:

3 peperoncini rossi secchi

Cannella da 2,5 cm / 1 pollice

4 baccelli di cardamomo verde

1 cucchiaino di semi di cumino

8 grani di pepe nero

Metodo

- Mescolare il fegato con curcuma, sale e acqua. Cuocere in una casseruola a fuoco medio per 40 minuti. Vattene oltre.
- Unire tutti gli ingredienti per il mix di spezie e macinarli con acqua sufficiente per formare una pasta liscia. Vattene oltre.
- Scaldare l'olio in una casseruola. Aggiungere le cipolle e soffriggere a fuoco medio finché non diventano traslucide.
- Aggiungere lo zenzero, l'aglio e i peperoni verdi. Friggere per 2 minuti.
- Aggiungere la pasta di spezie miste. Continua a friggere per 1-2 minuti.
- Aggiungere la miscela di fegato, le patate, l'aceto e il latte di cocco. Mescolare bene per 2 minuti. Coprire con un coperchio e cuocere a fuoco lento per 15 minuti, mescolando di tanto in tanto. Servire caldo.

Masala di agnello con yogurt

per 4 persone

ingredienti

Yogurt da 200 g / 7 once

Sale a piacere

675 g di agnello, tagliato in pezzi da 2,5 cm

4 cucchiai di olio vegetale raffinato

3 cipolle grandi, tritate finemente

3 carote, a dadini

3 pomodori, tritati finemente

120 ml / 4 fl oz di acqua

Per il mix di spezie:

25 g / qualche foglia di coriandolo da 1 oz, tritata finemente

¼ cucchiaino di curcuma

Radice di zenzero da 2,5 cm / 1 pollice

2 peperoni verdi

8 spicchi d'aglio

4 baccelli di cardamomo

4 denti

5 cm / 2 pollici di cannella

3 foglie di curry

¾ cucchiaino di curcuma

2 cucchiaini di coriandolo macinato

1 cucchiaino di peperoncino in polvere

½ cucchiaino di pasta di tamarindo

Metodo

- Unire tutti gli ingredienti per il mix di spezie. Mescolare con acqua sufficiente per formare una pasta liscia.
- Mescolare bene l'impasto con lo yogurt e il sale. Marinare l'agnello con questa miscela per 1 ora.
- Scaldare l'olio in una casseruola. Aggiungere le cipolle e soffriggere a fuoco medio finché non diventano traslucide.
- Aggiungere le carote e i pomodori e saltare per 3-4 minuti.
- Aggiungere l'agnello marinato e l'acqua. Mescolare bene. Coprite con un coperchio e fate cuocere a fuoco basso per 45 minuti, mescolando di tanto in tanto. Servire caldo.

Korma a Khada Masala

(Agnello piccante in salsa densa)

per 4 persone

ingredienti

75 g / 2½ once di burro chiarificato

3 baccelli di cardamomo neri

6 denti

2 foglie di alloro

½ cucchiaino di semi di cumino

2 cipolle grandi, affettate

3 peperoncini rossi secchi

Radice di zenzero da 2,5 cm / 1 pollice, tritata finemente

20 spicchi d'aglio

5 peperoncini verdi, tagliati nel senso della lunghezza

675 g / 1½ lb di agnello, a dadini

½ cucchiaino di peperoncino in polvere

2 cucchiaini di coriandolo macinato

6-8 scalogni, sbucciati

200 g di piselli in scatola

750ml / 1¼fl oz di acqua

Un pizzico di zafferano, sciolto in 2 cucchiai di acqua tiepida

Sale a piacere

1 cucchiaino di succo di limone

Yogurt da 200 g / 7 once

1 cucchiaio di foglie di coriandolo tritate finemente

4 uova sode, tagliate a metà

Metodo

- Riscaldare il burro chiarificato in una casseruola. Aggiungere cardamomo, chiodi di garofano, foglie di alloro e semi di cumino. Lasciali sfrigolare per 30 secondi.
- Aggiungere le cipolle e soffriggere a fuoco medio fino a doratura.
- Aggiungere i peperoni rossi essiccati, lo zenzero, l'aglio e i peperoni verdi. Friggere per un minuto.
- Aggiungi l'agnello. Friggere per 5-6 minuti.
- Aggiungi peperoncino in polvere, coriandolo macinato, scalogno e piselli. Continuare a friggere per 3-4 minuti.
- Aggiungere acqua, miscela di zafferano, sale e succo di limone. Mescolare bene per 2-3 minuti. Coprire con un coperchio e cuocere a fuoco lento per 20 minuti.
- Scoprire la padella e aggiungere lo yogurt. Mescolare bene. Coprite di nuovo e continuate la cottura a fuoco basso per 20-25 minuti, mescolando di tanto in tanto.
- Guarnire con foglie di coriandolo e uova. Servire caldo.

Curry di agnello e rognone

per 4 persone

ingredienti

5 cucchiai di olio vegetale raffinato più extra per friggere

4 patate grandi, tagliate a listarelle lunghe

3 cipolle grandi, tritate finemente

3 pomodori grandi, tritati finemente

¼ cucchiaino di curcuma

1 cucchiaino di peperoncino in polvere

2 cucchiaini di coriandolo macinato

1 cucchiaino di cumino macinato

25 anacardi, tritati grossolanamente

4 rognoni, a dadini

500 g / 1 lb 2 oz di agnello, tagliato a pezzi di 5 cm / 2 pollici

succo di 1 limone

1 cucchiaino di pepe nero macinato

Sale a piacere

500 ml / 16 fl oz di acqua

4 uova sode, in quarti

10 g di foglie di coriandolo tritate finemente

Per il mix di spezie:

1½ cucchiaino di pasta di zenzero

1½ cucchiaini di pasta d'aglio

4-5 peperoncini verdi

4 baccelli di cardamomo

6 denti

1 cucchiaino di cumino nero

1½ cucchiaio di aceto di malto

Metodo

- Unire tutti gli ingredienti per la miscela di spezie e macinare con acqua sufficiente per formare una pasta liscia. Vattene oltre.
- Scaldare l'olio per friggere in una padella. Unite le patate e fatele rosolare a fuoco medio per 3-4 minuti. Scolare e riservare.
- Scaldare 5 cucchiai di olio in una casseruola. Aggiungere le cipolle e soffriggere a fuoco medio finché non diventano traslucide.
- Aggiungere la pasta di spezie miste. Friggere per 2-3 minuti, mescolando spesso.
- Aggiungere i pomodori, la curcuma, il peperoncino in polvere, il coriandolo macinato e il cumino macinato. Continuare a friggere per 2-3 minuti.

- Aggiungere gli anacardi, i rognoni e l'agnello. Friggere per 6-7 minuti.
- Aggiungere il succo di limone, il pepe, il sale e l'acqua. Mescolare bene. Coprite con un coperchio e fate cuocere a fuoco basso per 45 minuti, mescolando di tanto in tanto.
- Guarnire con le uova e le foglie di coriandolo. Servire caldo.

Gosh Gulfam

(agnello con formaggio di capra)

per 4 persone

ingredienti

675g / 1½lb di agnello disossato

300 g di formaggio di capra, sgocciolato

Khoya da 200 g / 7 once*

5½ once / 150 g di frutta secca mista, tritata finemente

6 peperoncini verdi tritati finemente

25 g / qualche foglia di coriandolo da 1 oz, tritata finemente

2 uova sode

Per la salsa:

¾ cucchiaio di olio vegetale raffinato

3 cipolle grandi, tritate finemente

5 cm / 2 pollici di radice di zenzero, tritata finemente

10 spicchi d'aglio tritati finemente

3 pomodori, tritati finemente

1 cucchiaino di peperoncino in polvere

120 ml di brodo di agnello

Sale a piacere

Metodo

- Accarezza l'agnello finché non assomiglia a una bistecca.
- Mescolare formaggio di capra, khoya, frutta secca, peperoni verdi e foglie di coriandolo. Impastare questo composto fino ad ottenere una pasta liscia.
- Distribuire la pastella sull'agnello appiattito e posizionare le uova al centro.
- Arrotolare bene l'agnello in modo che la pasta e le uova rimangano all'interno. Avvolgere in carta stagnola e cuocere a 180°C (350°F, Gas Mark 4) per 1 ora. Vattene oltre.
- Per preparare la salsa, scaldare l'olio in una casseruola. Aggiungere le cipolle e soffriggere a fuoco medio finché non diventano traslucide.
- Aggiungere lo zenzero e l'aglio. Friggere per un minuto.
- Aggiungere i pomodori e il peperoncino in polvere. Continuare a friggere per 2 minuti, mescolando spesso.
- Aggiungere il brodo e il sale. Mescolare bene. Cuocere a fuoco basso per 10 minuti, mescolando di tanto in tanto. Vattene oltre.
- Tagliare a fette il polpettone cotto e disporre le fette su un piatto da portata. Versateci sopra la salsa e servite ben caldo.

Agnello Do Pyaaza

(Agnello con Cipolla)

per 4 persone

ingredienti

Olio vegetale raffinato da 120 ml / 4 fl oz

1 cucchiaino di curcuma

3 foglie di alloro

4 denti

5 cm / 2 pollici di cannella

6 peperoncini rossi secchi

4 baccelli di cardamomo verde

6 cipolle grandi, 2 tritate, 4 affettate

3 cucchiai di pasta di zenzero

3 cucchiai di pasta d'aglio

2 pomodori, tritati finemente

8 scalogni, dimezzati

2 cucchiaini di garam masala

2 cucchiaini di coriandolo macinato

4 cucchiaini di cumino macinato

1½ cucchiaino di macis grattugiato

½ noce moscata grattugiata

2 cucchiaini di pepe nero macinato

Sale a piacere

675 g / 1½ lb di agnello, a dadini

250 ml/8 fl oz di acqua

10 g di foglie di coriandolo tritate finemente

Radice di zenzero da 2,5 cm / 1 pollice, tagliata a julienne

Metodo

- Scaldare l'olio in una casseruola. Aggiungere la curcuma, le foglie di alloro, i chiodi di garofano, la cannella, i peperoni rossi e il cardamomo. Lasciali sfrigolare per 30 secondi.
- Aggiungere le cipolle tritate. Friggerli a fuoco medio finché non diventano traslucidi.
- Aggiungere la pasta di zenzero e la pasta d'aglio. Friggere per un minuto.
- Aggiungere i pomodori, lo scalogno, il garam masala, il coriandolo macinato, il cumino macinato, il macis, la noce moscata, il pepe e il sale. Continuare a friggere per 2-3 minuti.
- Aggiungere l'agnello e le cipolle tritate. Mescolare bene e friggere per 6-7 minuti.
- Aggiungere l'acqua e mescolare per un minuto. Coprire con un coperchio e cuocere a fuoco lento per 30 minuti, mescolando di tanto in tanto.

- Guarnire con foglie di coriandolo e zenzero. Servire caldo.

www.ingramcontent.com/pod-product-compliance
Lightning Source LLC
Chambersburg PA
CBHW070409120526
44590CB00014B/1318